Richard Moosheer, Jonathan Mauerhofer, Kai Soltau, Armin Wunderli
(Hrsg.)

# Die Ernte ist groß, aber es gibt nur wenige Arbeiter

## Festschrift: 10 Jahre Evangelikale Akademie Österreich

**Edition EVAK**

**Bibliographische Information der Deutschen Bibliothek**

Die Deutsche Bibliothek verzeichnet diese Publikation in der Deutschen Nationalbibliographie; detaillierte bibliographische Daten sind im Internet über http://dnb.d-nb.de abrufbar.

ISBN 978-3-95776-024-1

© 2014: EVAK

**Herausgeber:**
Richard Moosheer, Jonathan Mauerhofer, Kai Soltau, Armin Wunderli

**Lektorat:**
Claudia Böckle

**Umschlaggestaltung:**
Christina Boula

Evangelikale Akademie Österreich (EVAK)
Beheimgasse 1, 1170 Wien, Austria
http://www.evak.at

Verlag für Theologie und Religionswissenschaft (VTR)
Gogolstr. 33, 90475 Nürnberg, Germany
http://www.vtr-online.eu

Druck: Lightning Source

# Edition EVAK

Band 2

2014

Herausgegeben im Auftrag der

**Evangelikalen Akademie Wien**

von Richard Moosheer (Rektor),

Jonathan Mauerhofer, Kai Soltau, Armin Wunderli

Mitarbeiter und Leiter müssen ausgebildet, ganzheitlich gefördert und trainiert werden. Sie stehen in Schlüsselpositionen und tragen große Verantwortung, darum müssen sie auf einem soliden Fundament stehen und für ihre vielfältigen Aufgaben befähigt sein.

Das unerschütterliche Fundament ist Gottes Wort, sein Reden, seine Wahrheit in einer Welt des Suchens, der Haltlosigkeit, der Leere aber auch des Aufruhrs und der Rebellion.

Die Evangelikale Akademie (EVAK) unterstützt die Gemeinden in ihrer Verantwortung, Christen mit einer bibeltreuen theologischen Ausbildung für Dienst und Leiterschaftsaufgaben auszubilden.

Dabei strebt sie ein ausgewogenes Ineinander der drei Aspekte biblisch fundiert, systematisch reflektiert und praktisch angewandt an. Die an der EVAK geleistete Forschung zielt nicht nur auf die Darstellung erarbeiteter Erkenntnis ab, sondern auch auf eine gewinnbringende Vermittlung an den Leser. So verfolgen die schriftlichen Arbeiten in erster Linie nicht einen streng wissenschaftlichen Ansatz, sondern einen zuletzt theologisch praktischen, wobei jedoch die allgemeinen Kriterien der wissenschaftlichen Praxis eingehalten werden.

Die Ergebnisse des Arbeitens der Dozenten und Studenten an der EVAK sollen in dieser Studienreihe einer breiteren Leserschaft zugänglich gemacht werden, womit das Anliegen der EVAK unterstützt wird, die sich zum Ziel gesetzt hat, den Gemeinden in Österreich und darüber hinaus eine Hilfe und Unterstützung zu sein.

Die einzelnen Bände wollen einerseits theologische Erkenntnis fördern, andererseits die Herausforderungen in den österreichischen Gemeinden fokussieren und darin Hilfestellungen bieten. Selbstverständlich sind diese Ergebnisse auch für andere Länder interessant.

Hiermit legen wir den zweiten Band der Studienreihe vor und wünschen allen Lesern und Leserinnen Gottes Segen.

*Die Herausgeber*

*Zu diesem Band:*

2014 feiert die Evangelikale Akademie ihr 10-jähriges Bestehen. Einen Moment inne halten, in Erinnerungen zurückgehen und zugleich von der Zukunft träumen und dies nicht nur im Rahmen der Feierlichkeiten, sondern auch in schriftlicher Form. Diese Idee liegt der vorliegenden Festschrift zu Grunde. Der Auftrag ist groß, die Ernte ist einzuholen, aber es gibt nur wenige Arbeiter. Doch Gott hat in den letzten Jahren in Österreich Großes getan. Die einzelnen Artikel geben einen kleinen Einblick in das Schaffen an der EVAK. Wir tun dies in erste Linie in Dankbarkeit unserem Schöpfer gegenüber. Des Weiteren verstehen wir die Arbeit an der EVAK als einen Dienst an den Gemeinden in Österreich, in der Hoffnung, dass in unserem Land und über seine Grenzen hinaus noch viel Frucht für die Ewigkeit entsteht. Die unterschiedlichen Themen widerspiegeln unsere momentanen und individuellen Schwerpunkte. Mit dieser Festschrift drücken wir auch unsere Dankbarkeit gegenüber dem Mitbegründer der EVAK und unserem Mitarbeiter Joe Ziska aus. Danke für die wertvolle und stets erfrischende Zusammenarbeit!

Diese Festschrift ist
*Joe Ziska*
gewidmet.

# Inhaltsverzeichnis

**10 Jahre EVAK** ................................................................... 9
*Kai Soltau*

**Ein Blick in die Vergangenheit und in die Zukunft** ................ 11
*Joe Ziska im Interview mit Richard Moosheer und Christoph Windler*

**Teilzeitpastor mit Migrationshintergrund** ............................ 23
*Armin Wunderli*

**Teilnehmer statt Zaungäste** ................................................. 31
*Armin Wunderli*

**Wie gehen wir mit Leitern um?** ........................................... 41
*Richard Moosheer*

**Aufgabe und Ziel der Predigt** .............................................. 53
*Kai Soltau*

**Biblische Grundlagen der Lehre** .......................................... 69
*Eric McCauley*

**Autorität und Offenbarung** .................................................. 79
*Jonathan Mauerhofer*

# 10 Jahre EVAK

*Kai Soltau,*
*Dozent an der EVAK, Fachbereichsleiter für „Biblische Studien"*

„10 Jahre Ausbildung mit Profil – Die Ernte ist groß, aber es gibt nur wenige Arbeiter" – unter diesem Motto feiert die *Evangelikale Akademie* (EVAK) ihr zehnjähriges Jubiläum. Was nach nur zehn Jahren aus der EVAK geworden ist, hätte sich anfangs niemand träumen lassen.

### Die Wurzeln der EVAK

Die EVAK hat ihre Wurzeln im Ausbildungsprogramm „Biblische Ausbildung am Ort" (BAO), das jetzt mittlerweile auch schon seit 30 Jahren das Ziel verfolgt, Gemeinden darin zu unterstützen, Mitarbeiter für Leiterschaft und Dienst in der Gemeinde zuzurüsten. Nach der Jahrtausendwende wurde jedoch immer deutlicher, dass es einer fundierteren und vollen theologischen Ausbildung von Mitarbeitern in Österreich bedarf.

Mit Hilfe von Missionaren aus der Schweiz, den USA, Deutschland und einigen anderen Ländern haben Österreicher über die letzten 50 Jahre Gottes reichen Segen in der Entstehung vieler Gemeinden und mittlerweile auch unterschiedlicher Gemeindebünde gesehen. Aber die Zeiten haben sich geändert. Viele der Missionare werden bald pensioniert und nicht mehr durch neue ersetzt. Auch haben viele Gemeinden eine Größe erreicht, die es nötig macht, gut ausgebildete Österreicher entweder teilzeitig oder sogar vollzeitig für einen Dienst anzustellen. Deshalb müssen Österreicher theologisch gründlich und praxisnah für die Freikirchen in Österreich ausgebildet werden.

Zu diesem Zweck wurde im Jahr 2004 die Evangelikale Akademie mit dem Ziel gegründet, Männer und Frauen, die in einen teil- oder vollzeitigen Dienst in Gemeinde oder Mission berufen sind „mit einer bibeltreuen theologischen Ausbildung für Dienst und Leiterschaftsaufgaben" auszurüsten (*Missionstatement* der EVAK). Von Anfang an legten die Gründer der EVAK dabei den Schwerpunkt auf Präsenzunterricht, der berufsbegleitend gestaltet werden sollte; und zwar vor Ort, wo die Studenten bereits in Gemeinde und Beruf verwurzelt sind. Diese Schwerpunkte kommen auch in dem Motto der EVAK zum Ausdruck: MODULAR – MODERN – GRÜNDLICH – PRAXISNAH.

### Das Wunder der EVAK

2004 begann der Unterricht mit sechs Studenten in der Baptistengemeinde Wurlitzergasse (Wien). Ein Jahr später waren es schon zweiundzwanzig Studenten. Und so ist es über die Jahre geblieben, es sind immer wieder neue

Studenten dazugekommen. Im zweiten Studienjahr ging es dann auch schon auf kleinerer Schiene in Villach (Kärnten) mit sechs Studenten los. Inzwischen hat sich der Schwerpunkt der Arbeit im Süden nach Graz verlagert, so dass die EVAK neben dem Studienzentrum Wien, das mittlerweile in der Beheimgasse angesiedelt ist, auch ein Studienzentrum Süd mit zwei Unterrichtsstandorten (Graz und Villach) unterhält.

Über die letzten 10 Jahre wurden in diesen zwei Studienzentren knapp über hundert unterschiedliche Kurse angeboten. Mittlerweile wurden drei Dozenten teilzeitlich angestellt, die zusammen mit ungefähr fünfzehn Missionaren das ganze Kursangebot fachlich kompetent abdecken.

An der EVAK kann inzwischen auf Bachelor- sowie auf Master-Niveau studiert werden. Im Oktober 2013 hat die EVAK nach einem längeren Prozess die Akkreditierung von ihrem Diplom III als „Vocational Bachelor" durch die *European Evangelical Accrediting Association* (EEAA) erreicht, was die Türen zum Weiterstudium an über 1000 theologischen Ausbildungsstätten weltweit geöffnet hat. Was aus der EVAK geworden ist, ist wirklich ein Wunder Gottes. Diesen Erfolg hätte sich anfangs niemand träumen lassen.

# Ein Blick in die Vergangenheit und in die Zukunft

Joe Ziska im Interview mit Richard Moosheer und Christoph Windler anlässlich seines 35-jährigen Dienstjubiläums in Österreich

## Einleitung

Diese Festschrift ist Joseph (Joe) Ziska gewidmet, der 35 Jahre als Missionar in Österreich gearbeitet hat. Aus diesem Grund veröffentlichen wir hier ein ausführliches Interview mit Joe. Es vermittelt neben mancherlei persönlichen Erfahrungen eines Missionars auch wichtige Hinweise zur Entwicklung der Missionsarbeit in einem Land, in dem, nach einer fast totalen Ausrottung evangelischen Glaubens, insbesondere auch des täuferisch geprägten, nach dem 2. Weltkrieg eine Neuevangelisation begonnen hat, die bis heute erstaunliche Früchte gebracht hat.

Joseph Ziska, geboren am 17. September 1948 in Cleveland, Ohio ist mit zwei Schwestern und einem Bruder aufgewachsen. Seine Mutter war eine entschiedene Christin, die nach zwei Fehlgeburten Gott versprochen hatte, dass sie, wenn sie ein Kind haben könnte, dieses ihm weihen würde. Joe war dieses Kind. Mit 16 Jahren kam er zum Glauben, während seiner High School Ausbildung.

1966 schloss er die High School ab, 1970 graduierte er mit einem B.A. in Philosophie an der Cleveland State University.

Während der Collegezeit lernte Joe seine Frau Brenda kennen, 1970 hat das Paar geheiratet. Das junge Paar zog nach St. Paul, Minnesota, wo Joe das Bethel Theological Seminary besuchte. Während dieser Studienzeit machten Joe und Brenda 1972 ein Sommerpraktikum in Wiener Neustadt (Österreich). 1973 schloss Joe sein Studium am Bethel Theological Seminary mit einem M.Div. ab, danach arbeitete er vier Jahre als Pastor in der Baptist General Conference Church in Lake Stevens, Washington.

Ab März 1979 begannen Joe und Brenda in einer Gemeindegründungsarbeit mit Greater Europe Mission in Österreich mitzuarbeiten.

Das folgende Interview wurde von Richard Moosheer, Rektor der EVAK, zusammen mit dem Direktor von BAO, Christoph Windler, mündlich geführt, um spontane Antworten und auch emotionale Eindrücke von Joes und Brendas Leben und Dienst zu bekommen. Für die Veröffentlichung wurde es von Armin Wunderli bearbeitet.

## Interview mit Joe Ziska

**Joe, warum bist du Missionar geworden?**

Bereits in jungen Jahren als Teenager empfand ich eine Berufung für einen hauptamtlichen Dienst, glaubte aber nicht, dass Gott mich ins Ausland schicken würde. Das wäre für mich am schwierigsten gewesen. Trotzdem wollte ich ihm eine Chance geben. Wenn er selbst einen Auslandsdienst ausschließen würde, könnte ich dann einen Dienst in der Heimat ansteuern, dachte ich. So besuchte ich über Jahre hinweg immer wieder Missionskonferenzen und hörte Missionaren zu. Schon im Laufe meines ersten Studienabschnitts fühlte ich mich doch ins Ausland berufen, wusste aber noch nicht wohin.

**War das eine Berufung, die über längere Zeit in dir gereift ist?**

Ja, über einen Zeitraum von etwa vier Jahren. Am Beginn des Studiums war ich schon der Meinung, dass ich irgendeinen hauptamtlichen Dienst ausüben sollte, und im Laufe der nächsten zwei, drei Jahre hatte ich immer mehr die Erkenntnis, dass der Herr mich ins Ausland schicken wollte.

**Und warum kamst du dann ausgerechnet nach Österreich?**

Das hängt sehr stark mit den Erfahrungen in einem Praktikum im Jahr 1972 zusammen, das ich während der theologischen Ausbildung machen musste. Weil ich der Meinung war, dass ich in die Mission gehen sollte, wollte ich das Praktikum im Ausland statt in einer örtlichen Gemeinde absolvieren. Meine Frau Brenda und ich bekamen die Möglichkeit, nach Deutschland in die Bibelschule Seeheim zu gehen und dort einen Sommer zu verbringen. Geplant war, dass ich bei einem Umbau mithelfen sollte, was eigentlich nicht mein Ding war. Kurz vor der Abreise erfuhren wir, dass die Bibelschule die Baugenehmigung nicht bekommen hatte und sie deshalb das Team aufteilen mussten. Statt nach Deutschland kamen wir nach Österreich, in ein Land, an das ich überhaupt nicht gedacht hatte. Es war ein Wink vom Herrn, denn hier konnte ich die Arbeit tun, die ich wollte.

Wir kamen nach Wiener Neustadt, eine Stadt, die in der Nachkriegszeit verarmt war. Auch geistlich war sie sehr verarmt. Das Interesse war gleich Null, obwohl die Missionare sich schon jahrelang redlich und gut bemüht hatten. Ich dachte: Das ist ein Ort, an dem wir vielleicht unseren künftigen Einsatz machen sollten.

**Wie ging es nach dem Praktikum weiter?**

Im letzten Jahr meiner Ausbildung hatte ich das Gefühl, dass ich unbedingt für vier Jahre in der Heimat als Pastor dienen sollte. Ich wollte meine ersten Erfahrungen im Dienst nicht in der Ferne machen, sondern an einem Ort, an dem ich die Kultur gut kannte. So war ich vier Jahre lang Pastor in einer Baptistengemeinde. Die Gemeinde war schon fast tot, aber der Herr schenkte Gnade und erweckte sie wieder zum Leben. Sie begann zu wachsen, was für mich eine sehr positive Erfahrung war. Dieser Dienst war eine wichtige Basis für die Zeit danach.

Im März 1979, vor fast genau 35 Jahren, kamen wir mit der Erwartung nach Österreich, dass Evangelisation nötig ist, mit dem Ziel, Gemeinden ins Leben zu rufen. Am Anfang waren wir natürlich mit dem Sprachstudium beschäftigt. Recht bald begannen wir, die junge Floridsdorfer Gemeinde zu besuchen, welche damals immer noch ein Teil der Tuga[1] war. Wir schlossen uns der Gemeinde an und hofften, dass wir dort einen Dienst tun könnten. Für die Gemeinde war das jedoch nicht so sicher. Man sagte uns, dass wir unsere Blicke auf die weißen Flächen Österreichs richten und irgendwo hingehen sollten, wo noch niemand evangelisierte. Erst nach langen Diskussionen, die sehr emotional geführt wurden, trafen wir gemeinsam mit der Gemeinde und meinem damaligen Vorgesetzten in der Missionsgesellschaft die Entscheidung, dass wir zusammen mit der Gemeinde Floridsdorf eine Tochtergemeinde gründen sollten.

**Mit welchen Anliegen und Absichten bist du nach Österreich gekommen?**

Ich hatte schon im Praktikum gemerkt, dass die Bibelkenntnis hier sehr gering war. Viele Leute besaßen gar keine Bibel bzw. zeigten nur spärliches Interesse daran. Also dachte ich, dass es unsere Hauptaufgabe sein würde, einfach das Evangelium zu verkündigen, so wie jeder Gläubige. Wir würden versuchen, durch unsere persönliche Glaubenserfahrung bei den Menschen das Interesse für Jesus zu wecken. Es würde ein evangelistischer Dienst sein, obwohl wir vorher schon versucht hatten, evangelistisch zu arbeiten, ohne dass wir Früchte geerntet hatten. Ich sah mich nicht als großen Evangelisten, empfand aber die Berufung für diesen Dienst.

**Wie war die geistliche Situation damals?**

Wir arbeiteten in der Donaustadt, einem großen Wohnbezirk östlich der Donau. Es gab anders als in Wiener Neustadt immer wieder Leute, die sich für unsere Arbeit interessierten. Gemeinsam mit Sommerteams klopften wir an tausende von Türen, um Menschen anzusprechen und um sie für verschiedene evangelistische Veranstaltungen einzuladen. So versuchten wir, Beziehungen zu knüpfen. Ein junger Mann aus unserem Team hinterließ beispielsweise ein Traktat an einer Tür, und siehe da, die Familie meldete sich, sie habe Interesse am Bibel-

---

[1] Evangelikal-Freikirchliche Gemeinde Tulpengasse, Wien.

fernkurs. Es handelte sich um ein Ehepaar, das auch mit den Zeugen Jehovas Kontakt hatte. Ich betreute sie und führte mit ihnen etwa ein Jahr lang Gespräche über die Bibel. Dienstags kamen sie jeweils zu unserem Hauskreis, aber donnerstags kamen die Zeugen Jehovas zu ihnen. Es war stets ein Hin und Her, aber letztlich hat der Herr den Sieg davongetragen und sie wurden gläubig.

Ein anderes Ehepaar in der Nähe hatte eigentlich kein besonderes Interesse am Glauben, trotzdem luden wir sie an einem Feiertag – es war Christi Himmelfahrt oder Fronleichnam – zu einer Veranstaltung ein mit dem Hinweis, dass es an einem solchen Tag wichtig wäre, über den Leib Christi nachzudenken. Der Mann wurde nachdenklich, machte die Tür auf und lud uns ein. Das Gespräch dauerte eine gute Stunde, und danach kamen sie zu mehreren Veranstaltungen. Später bekehrte sich die gesamte Familie.

In dieser Zeit betrieben wir eine Leihbücherei, welche oft von Frauen benutzt wurde. Eines Tages ging ich zu einer Frau, um sechs Bücher von ihr abzuholen. Kurz davor hatte sie mit ihrem Pfarrer in Leopoldau gesprochen, der ihr verboten hatte, mit uns Kontakt zu pflegen. So gab sie mir die Bücher zurück und sagte, dass sie keinen Kontakt mehr haben wollte. Es gab also Leute, die ein zartes Interesse zeigten, aber meistens waren sie desinteressiert.

**Du hast ja immer mehr ein Bild bekommen, wie es in Österreich als Ganzes ausschaut. Wie würdest du die jetzige geistliche Situation im Land beschreiben?**

Wir haben oft Meinungsumfragen gemacht und fast immer zur Antwort bekommen: „Ja, ich glaube an Gott." Aber sobald wir ein bisschen weiter fragten, meinten sie: „Jesus, nein. Er ist nicht wirklich Gott." Sie glauben an irgendein Leben nach dem Tod, aber wenn man nachfragt, stellt es sich als irgendeine Form der Reinkarnation heraus. Man merkt, dass die Leute irgendwie religiös oder religiös angehaucht sind, aber den christlichen Glauben wollen sie nicht akzeptieren.

**Und wie denkst du, hat sich das in den letzten 30 Jahren verändert in Bezug auf den religiösen Hintergrund und die Säkularisierung im Land? Haben da deiner Meinung nach große Umwälzungen stattgefunden?**

Wahrscheinlich können das andere Forscher besser feststellen, aber man hört immer wieder, dass das Volk stärker säkularisiert ist. Wenn ich bei einem Einsatz aktiv auf die Menschen zugehe, suche ich nach Menschen, die erreichbar sind. Wir sollen uns nicht abschrecken lassen, denn die Menschen, die nicht glauben, sind verloren. Gleichzeitig hat der Herr viele vorbereitet, und diese sollten wir aktiver suchen, denn der Herr hat mehr Ernte für uns, als wir einbringen können.

**In den 80er Jahren haben viele Beobachter Österreich als das Grab der Missionare bezeichnet oder sie haben vom harten Boden in Österreich geredet. Welche Niederlagen und schweren Ereignisse haben dich persönlich herausgefordert, bei denen du vielleicht auch an die Grenzen gekommen bist und gedacht hast, ich halte das nicht mehr aus hier?**

Die meisten haben in den 60er, 70er und 80er Jahren sehr enttäuschende Erfahrungen gemacht. Sie sind fast gebrochen in ihre Heimat zurückgekehrt. In diesem Sinne stimmt die Aussage.

Ich glaube nicht, dass es wirklich so schlimm war, wie diese Aussage andeutet, sondern dass das eigentliche Problem darin bestand, dass die Missionare mit großem Ehrgeiz und großer Hoffnung gekommen sind, dann aber eine sehr schwierige Situation vorgefunden haben. Sie sind vielleicht einfach früh enttäuscht und manchmal sogar „verheizt" worden.

Wenn man mehr als acht Jahre im Land ist, findet man eine ganze Anzahl Freunde. Das sind Menschen, die offen oder sogar an uns Exoten aus dem Ausland interessiert sind. Ich glaube, die Arbeit ist gar nicht so unmöglich, wie manche es erlebt haben, aber es war sicher eine Sache, die sehr fordernd war, und viele sind daran zerbrochen.

Vermutlich habe ich es leichter gehabt, weil diese erste Generation in den 60er und 70er Jahren den harten Boden aufgebrochen hat. In dieser ersten Zeit war es vielleicht fast unmöglich, richtig voranzukommen. Aber durch diese Leute wurden Grundsteine gelegt im ganzen Land, und die, die in den 80er und 90er Jahren gekommen sind, haben die Chance gehabt, darauf aufzubauen. So hat sich die Lage um einiges verändert. Für Leute, die in den 60er Jahren gekommen sind, mag der Satz stimmen; für die anderen, glaube ich, nicht mehr.

**Hast du Zeiten gehabt, in denen du am liebsten die Koffer gepackt hättest?**

Eigentlich nicht. Der Herr stand uns bei. Schon von Anfang an haben wir gute Erfahrungen gemacht und können uns wirklich nicht beklagen. Wir hatten meistens zu viele Möglichkeiten, sodass wir nicht alle ausschöpfen konnten. Die einzige Enttäuschung könnte also die sein, dass wir nicht alles getan haben, was wir hätten tun können. Ich bin vielleicht in zu viele Richtungen gelaufen, vielleicht habe ich auch zu früh manche Verantwortung übernommen, und dadurch konnte ich nicht konsequent genug manchen Beziehungen oder Arbeiten nachgehen.

**In welchen Bereichen hast du dich engagiert hier in Österreich?**

Das war sehr vielschichtig. In der ersten Phase war es das Wichtigste, Tausende von Menschen anzusprechen, um ein paar Dutzend Kontakte zu finden. Das geschah etwa in den ersten vier Jahren. In dieser Zeit lernte ich einfach auch das Volk kennen. In den ersten Jahren soll man sich als nordamerikanischer Missionar nicht zu viel erwarten.

Danach, in der zweiten Dienstperiode, wollten wir bestehende Arbeiten unterstützen soweit wir konnten, sei es mit Gastpredigten oder Hauskreisen, und mit dem besonderen Blick, neue Gemeinden zu gründen. In den 80er Jahren waren wir in der Lage, in Floridsdorf eine Teilung durchzuführen, um die neue Gemeinde in Kagran zu gründen. Das war wirklich mein großes Herzensanliegen in dieser Zeit.

**Gemeindegründung ist also einer der Bereiche, in denen du dich engagiert hast. Und dann gab es ja auch noch andere Bereiche.**

Ja, es haben sich Möglichkeiten eröffnet, die wir nicht gesucht haben. Eigentlich wollten wir in der Donaustadt – ein schnell wachsender Bezirk – schon damals fünf Gemeinden gründen, haben dann aber letztlich dort nur eine geschafft. Glücklicherweise kam später noch eine Gemeinde außerhalb von Wien dazu. Ich wurde dann zum Feldleiter unserer Mission ernannt. Wir hatten damals 25 Missionare, wenn man auch die Ehepartner mitzählt. Es war also eine relativ große Verantwortung, da auch immer wieder neue Missionare und neue Gemeinden dazukamen.

Mitte der 80er Jahre taten sich neue Türen auf, die dazu führten, dass mein Wunsch, Gemeinde zu bauen, etwas zurückgestellt wurde. Mein Vorgesetzter war für ganz Mitteleuropa zuständig und hatte selbst eine Bibelschule in Portugal gegründet. Er legte mir ans Herz, als Feldleiter konkret darüber nachzudenken, Leiter heranzubilden, die in der Lage sind, Verantwortung zu übernehmen, wenn wir nicht mehr im Lande sind. Er drückte und drängte und meinte, dass wir eine Bibelschule gründen sollten. Meines Wissens hatte es aber schon zwei oder drei Bibelschulen gegeben, die hier in der Zeit davor zugrunde gegangen waren. So war ich eigentlich der Meinung, dass es zu früh für eine neue Bibelschule war, erfuhr aber von Willi Giefing, dass eine nichtformale Ausbildung unter dem Namen BAO[2] am Entstehen war. Ich dachte, das könnte wirklich ein nützliches Werkzeug werden, weil man mit den bestehenden Gemeinden zusammenarbeitet. Ich bot dann an, diesen Versuch zu unterstützen statt eine neue Bibelschule zu gründen, und nahm Kontakt mit Willi Giefing auf, worauf dieser mich zu einem Treffen des Komitees nach Salzburg einlud.

**Wer war dort alles dabei?**

Das war für mich ein bisschen lustig. Ich fuhr nach Salzburg, um dieser Sitzung beizuwohnen. Zu meiner Überraschung waren nur zwei Personen da:

---

[2] „Biblische Ausbildung am Ort" in Wien.

Willi Giefing und Fred Colvin. Zwei weitere Personen fehlten. Ich bot ihnen meine Unterstützung an; sie hörten sich das an und wollten dann zur Tagesordnung übergehen. Da ich das Gefühl hatte, dass mein Anliegen nicht bei ihnen angekommen war, bat ich sie um eine kurze Rückmeldung. Darauf meinte Fred: „Oh, ich dachte, dass du bereits im Komitee bist." Das war also meine Einführung in BAO. Ab dem Zeitpunkt gehörte ich zum Leitungskreis von BAO, und ich habe immer mehr die Überzeugung gewonnen, dass das tatsächlich das Werkzeug ist, das für die Zurüstung der Gläubigen und der Leiter in diesem Land geeignet ist.

**Später hast du dich noch einmal im Ausbildungsbereich engagiert, als die EVAK, die Evangelikale Akademie, gegründet worden ist. Warum?**

Das wurde mir auch eher aufgedrängt. Ich höre manchmal nur sehr langsam auf Jesus. Als wir gerade im Heimatdienst waren, gab es Gespräche zwischen Christoph Windler, Richard Moosheer, Reinhold Eichinger und John Mark Fankhauser. Die Frage war, ob es endlich an der Zeit wäre, in Österreich eine Bibelschule zu gründen. Weil BAO inzwischen einige Jahrzehnte Erfahrung in der Mitarbeiterausbildung hatte, meinten sie, dass BAO vielleicht nicht nur als Sponsor oder als Geburtshelfer sondern auch als Gestalter dieser Bibelschule dienen könnte.

Als ich von meinem Heimatdienst zurückkam, war ich der Meinung, dass das eher eine Ablenkung und eine Überforderung für uns war. Es gab so viel bei BAO, das wir noch nicht getan hatten, da konnten wir uns das nicht auch noch vornehmen. Die andern überzeugten mich jedoch in den Monaten darauf vom Gegenteil. Es gab damals einige potentielle Theologiestudenten, und wenn diese keine Möglichkeit hatten, in Österreich zu studieren, würden sie ins Ausland gehen und wahrscheinlich nicht mehr nach Österreich zurückkommen. Ich ließ mich also überzeugen, und durch manches Erlebnis in der Gründungsphase merkte ich, dass die EVAK eine Institution war, die von Gott selbst ins Leben gerufen wurde.

**Es gibt noch einen weiteren Bereich, in dem du dich engagiertest hast: Die missiologische Forschung im Land. Was hast du hier gemacht?**

Mitte der 80er Jahre dachte ich, dass ich genug Zeit hätte und vielleicht eine solche Forschung machen sollte. Es gab in Amerika einen neuen Abschluss, den *Doctor of Missiology*, der für mich im Ausland machbar schien, da ich nur wenig in den Staaten machen musste. Das meiste war Selbststudium, und es war auch sehr praxisbezogen. Also begann ich, aber es dauerte dann recht lang, da ich mit andern Aufgaben überhäuft wurde. Insgesamt dauerte es volle elf Jahre, und ich beendete das Studium nur wenige Wochen vor Ablauf der Frist. Hätte ich diese Frist verpasst, hätte ich den Abschluss nicht mehr machen können. So hat der Herr uns auch hier begleitet.

Bei der Abschlussarbeit des Studiums wollte ich unbedingt etwas Praktisches machen, das für die Gemeinden hier im Lande nützlich war. So studierte ich 25 evangelikale Gemeinden im Raum Wien in Bezug auf ihre Leitung, ihre Evangelisation und manches andere. Mich interessierte auch, ob es einen Unterschied gab zwischen den ganz kleinen Gemeinden und den Gemeinden, die etwas größer waren, vielleicht etwa 100 oder mehr Glieder. Es war eine Forschung, die mich auf den Geschmack brachte. Seitdem habe ich alle fünf Jahre ähnliche Erhebungen gemacht, wobei ich immer mehr Gemeinden in den Untersuchungen einbezogen habe. Ich dachte, dass es leider zu wenig Forschung gibt im Lande, im Ausland vielleicht, aber hier nicht, und wollte einiges von der Entwicklung der Gemeinden hier dokumentieren.

**Wie hast du bei BAO und später bei der EVAK deine Rolle verstanden?**

Zu Beginn, bei BAO, wollte ich einfach das Komitee unterstützen. Ich dachte, dass ich bei der Entwicklung des Curriculums und bei der Organisation einiges zu bieten hatte, und begann auch, selbst Kurse zu leiten. Dann lud ich einige Leute aus dem Ausland als Mitarbeiter ein, die zum Teil immer noch bei BAO und bei der EVAK mitwirken. So konnte ich meine Auslandsbeziehungen nutzen. Darüber hinaus habe ich Beziehungen zu Partnerwerken in Amerika und Neuseeland gepflegt.

In dieser Zeit verfasste ich auch eigene Artikel. So versuchte ich, dazu beizutragen, dass die Kursunterlagen, die teilweise stark vom Ausland geprägt waren, ein bisschen mehr der Kultur und der Situation in Österreich angepasst wurden.

Ich war immer in einer leitenden Funktion, und mit der Zeit merkte ich, wie der Herr uns immer wieder gute Leute zur Verfügung stellte, Missionare oder andere. Es war auch mein Bestreben, dass ich mich mit der Zeit in die zweite Reihe zurückziehen konnte, und das habe ich schon vor einigen Jahren begonnen und werde es in diesem Jahr fortsetzen und mich völlig von der Leitung zurückziehen. Dann habe ich nur noch eine unterstützende Rolle.

**Was siehst du als besondere Herausforderung in der Gemeindegründungsarbeit, in der Trainingsarbeit. Was hast du als besondere Herausforderungen in diesen Bereichen erlebt?**

Eigentlich ist es lustig, aber mir fällt keine herausragende Herausforderung ein. Natürlich gibt es sie: Was sind die nächsten Bausteine? Was sind die nächsten Schritte, die wir zu setzen haben? Welches sind die Leute, die wir ansprechen sollen, die eingeladen werden zur Mitarbeit oder zum Wachstum? Herausforderungen? Ja natürlich. Wenn das alles nicht gelingt, dann braucht man meiner Erfahrung nach nur ein bisschen länger zu warten, bis der Herr die Türen öffnet.

# Interview: Ein Blick in die Vergangenheit und in die Zukunft

**Du hast dich für gemeindebasierte Ausbildung von Mitarbeitern und Leitern, für das „church-based-training" ebenso engagiert, wie auch für die klassische theologische Ausbildung an einem Institut, an der EVAK. Warum braucht es beide Modelle, und wie hängen sie deiner Meinung und deiner Erfahrung nach zusammen?**

Ich möchte weder das eine noch das andere als den besseren Weg werten, sondern ich glaube, dass die gemeindebasierten Wege mindestens das Zehnfache an Publikum haben sollen und können als die klassische theologische Ausbildung, weil sie nicht an einen Ort oder einen fixen Zeitplan gebunden sind. Ihr Vorteil ist, dass die Leute in ihrer Gemeinde bleiben, in ihrer gewohnten Umgebung mit ihrer spezifischen Situation und mit ihren Überzeugungen.

Eine Gemeinde, die wachsen will, eine Gemeinde, die die Umgebung erreichen will, muss ihre Leute fördern und fordern. Dabei gibt es dauernd einen Bedarf, neue sowie bestehende Leiter heranzubilden. In diesem Sinne ist BAO ein gutes Werkzeug, das mit Begeisterung zu vertreten ist.

Die EVAK ist aber auch ganz wichtig, besonders in der jetzigen Zeit, in der die missionarischen Mitarbeiter weniger an Zahl und älter an Jahren werden. Es werden immer weniger Leute aus dem Ausland zu uns kommen, und die Arbeit muss zunehmend von einheimischen Kräften getragen werden. So wichtig und wertvoll BAO ist, so wichtig ist es auch, dass manche Studenten intensivere Anstrengungen machen und mehr Zeit in eine Zurüstung für den Dienst investieren, sodass sie mehr Erfahrungen sammeln können als der typische BAO-Student. BAO-Leute werden hoffentlich durch lebenslanges Lernen immer wieder neue Kurse haben, aber für jemanden, der einen hauptamtlichen Dienst übernehmen möchte, ist es auch wichtig, sich in einer intensiven Zeit von vier oder fünf Jahren an der EVAK weiterbilden zu lassen. Er braucht ein gutes Hintergrundwissen und auch sonstige Erfahrungen, um den Dienst ordentlich machen zu können.

**Wie hast du das Spannungsfeld zwischen deiner Familie und deinem Dienst als Missionar erlebt?**

Als Missionar oder als Hauptamtlicher arbeitet man manchmal in zu viele Richtungen. Zu gewissen Zeiten habe ich deshalb sicherlich meine Familie vernachlässigt, wahrscheinlich am ehesten meine Frau Brenda. Als ich das erkannt habe, habe ich immer wieder Maßnahmen ergriffen, ergreifen müssen. Es kommen ständig neue Aufgaben, bei denen man sagt, das muss man tun, und vielleicht bin ich derjenige, der das tun soll. Es ist ein gesegneter Dienst, denn manche andere dienen an Orten, an denen sie keine Erfolge sehen können. Hier in Wien habe ich diese Gelegenheit gehabt und bin dafür dankbar.

Aber das birgt in sich die Gefahr, dass man in zu viele Richtungen läuft und dabei die eigene Familie vernachlässigt.

Vielleicht ist hier die Gelegenheit, unsere etwas eigenartige Familie zu erwähnen. 1984 hörten wir in der Floridsdorfer Gemeinde, dass eine Frau ein Kind zur Welt gebracht hatte und eine Pflegefamilie suchte. In einer Zeit, als wir den eigenen Kinderwunsch schon längst aufgegeben hatten, boten wir uns als Pflegeeltern an, was aber vorerst nicht angenommen wurde. Dann auf einmal wurde es möglich gemacht, und genau an meinem Geburtstag bekamen wir einen zwei Monate altes Pflegekind: David. Weniger als ein Jahr danach bekamen wir ein zweites Pflegekind: Daniel. Beide sind inzwischen adoptiert. Wir sind eine Mischfamilie: 50% sind Österreicher, und das birgt einiges an zusätzlichen Stressfaktoren. Unsere Kinder waren beispielsweise in österreichischen Schulen, im Gegensatz zu den Kindern der meisten andern nordamerikanischen Missionare. Es war auch manchmal schwierig für unsere Familie, dass sich die Kinder in werdenden Gemeinden befunden haben. Dort gab es wenige Gleichaltrige, unter denen sie Glaubensfreunde finden konnten. Deshalb war es sehr schwer, sie im Glauben zu führen.

**Wie hat deine Frau in deinem Dienst mitgeholfen, neben der Arbeiten der Familie?**

Die größten Geschenke, die Brenda mir gemacht hat, sind die Arbeit in der Familie und die Bereitschaft, mich für meine vielen Dienste freizugeben. Durch die ganzen Jahrzehnte hindurch war sie darüber hinaus sehr engagiert in der Arbeit mit Kindern. Sie hat in Kagran nicht nur eine Kindergruppe für Kleinkinder gegründet, sondern auch weitere Mitarbeiter gesucht und gewonnen. Bevor wir im Jahr 2002 aus der Leitung ausgeschieden sind, gab es dort fünf Kindergruppen mit jeweils drei Mitarbeitern. Brenda hat fast alle selber herangezogen, ausgebildet und begleitet. Die Arbeit mit Kindern war ihr sehr wichtig, und sie hat sich dort massiv eingebracht.

Sie leitet auch Frauengruppen. In frühen Jahren hat sie in Kagran eine Frauengruppe gegründet und diese dann fast 20 Jahre lang weitergeführt. Heute ist sie im Leitungskomitee der Frauenfrühstücksarbeit in Klosterneuburg.

**Was siehst du als große Herausforderung für Österreich in den nächsten 15 Jahren?**

Ich überlasse es andern, die großen gesellschaftlichen Entwicklungen zu analysieren. Die evangelikale Bewegung ist zwar klein, aber ihr Potential ist groß. Da muss man die ganze Bandbreite hier sehen: Es gibt charismatische Gruppen, Evangelikale unseresgleichen oder sonstige Gläubige. Auch dann sind wir immer noch klein, aber wir haben große Möglichkeiten. Ich kann mir vorstellen, dass eine Verdoppelung der Anzahl Gläubigen im kommenden Jahrzehnt erreichbar ist, wenn wir die Evangelisation und den Gemeindeaufbau wieder zu Prioritäten machen.

Umgekehrt haben wir in den letzten Jahren unsere Ressourcen oft nach innen gerichtet und ich glaube, dass das nicht unbedingt falsch war. Wir mussten Leitungen stärken, wir brauchten Gemeinden mit einer starken Infrastruktur und es war nötig, Gebäude zu erwerben. Ich bin nicht gegen diese Entwicklungen, aber sie können sehr leicht dazu führen, dass man nur in sich hinein wächst. Wenn wir jetzt einfach nur so weiter machen wie bisher, werden wir nur wenig Wachstum erleben.

Wir stehen fast schon am Scheideweg: Werden wir eine kleine Erweckung oder eine Art Stagnation erleben? Ich glaube, dass beides drin liegt. Es hängt davon ab, wie wir den Auftrag des Herrn wahrnehmen.

**Was muss dazu geschehen?**

Zunächst einmal muss man mehr evangelisieren. Wir müssen daran glauben, auf unserer Kanzel, in unseren Predigten, in unseren Hauskreisen. Wahrscheinlich wird das immer noch betont, aber die eigentliche Praxis diesbezüglich ist relativ spärlich. Wenn man mit den Menschen Einzelgespräche führt, merkt man bald, dass es nur einige wenige gibt, die wirklich fleißig evangelisieren, obwohl die meisten bejahen, dass es dazugehört. Aber viele haben einen Freundeskreis, der ausschließlich aus Gläubigen besteht. Das andere sind Menschen – in der Familie, der Firma oder in der Nachbarschaft –, bei denen sie zarte oder sogar direkte evangelistische Versuche gemacht haben, aber es hat nicht gefruchtet, und jetzt haben sie damit aufgehört.

Ich denke, wir brauchen neue Versuche, Menschen zu erreichen. Wahrscheinlich bedeutet das insbesondere, dass wir neue Beziehungen mit Menschen schließen müssen, die wir noch nicht kennen. Wie Menschenfischer müssen wir immer wieder unsere Netze auswerfen, um Kontakt mit Menschen zu knüpfen, die bereits von Gottes Geist vorbereitet wurden. Wenn das gelingt, könnten auch wir eine Erweckung erleben und dann wird auch eine ganze Reihe neuer Gemeinden benötigt werden.

**Welche Prioritäten müssten gesetzt werden?**

Neben Evangelisation und Gemeindeaufbau würde ich die Leiterschaftsentwicklung als Priorität sehen. Wir hatten in den 80er Jahren eine lange Phase des Wachstums, in der viele Leiter ausgebrannt sind. Das war nicht nur eine Folge des Wachstums. Es gab auch verfrühte Teilungen und falsche Entscheidungen. Manchmal wurden Leiter eingesetzt, die zu wenig belastbar waren.

Was damals auch immer die Ursachen waren, wir müssen schauen, dass unsere Leitungsteams ausgebaut werden. Ich meine damit nicht nur die Ältesten, sondern alle Ebenen der Leitung. Wenn wir die Leitung ausbauen, wenn wir das Gemeindeleben gut gestalten und die Evangelisation fördern, werden wir Wachstum erleben. Dabei können BAO und die EVAK viele Dienste leisten.

**Träume einmal. Was würdest du dir für Österreich als Missionsland in den nächsten Jahren wünschen?**

Das habe ich bereits gesagt: Eine Verdoppelung. Das klingt vielleicht illusorisch, aber man kann es einfach mal prozentual anschauen. Eine Gemeinde mit 40 Erwachsenen bräuchte nur vier weitere Erwachsene pro Jahr zu gewinnen. Das sind 10% in einem Jahr. Das ist kein unerreichbares Ziel sondern eine Sache von Prioritäten. Eine Gemeinde mit 150 Personen muss natürlich andere Zahlen zustande bringen. Aber theoretisch hat sie auch mehr Ressourcen und andere Möglichkeiten sowie eine größere Anziehungskraft.

Die Verdoppelung wäre mein Wunsch und meine Hoffnung. Dafür sollen wir beten und arbeiten. Ich gebe aber zu, dass es das seit der Reformationszeit in keinem Jahrzehnt in Österreich gab.

**Eine letzte wichtige Frage: Was möchtest du als Vermächtnis den jüngeren oder jungen Mitarbeitern mitgeben und ans Herz legen?**

Ich möchte den Gedanken hinterlassen, dass der langfristige Dienst in diesem Land und in ganz Mitteleuropa erforderlich ist. Es ist nötig, bereit zu sein, den Blick auf Jesus zu behalten, ob es nun viel Segen oder harte Knochenarbeit gibt, und weiterhin das tun, was er von uns haben will. Natürlich auch seinen Willen suchen und ausführen und darauf warten, dass er den Segen schenkt. Wir Menschen sind eher Sprinter und erwarten irgendwelche schnellen Erfolge. Wir Amerikaner sind so mit unserem 100-Meter-Lauf; das ist für uns das Paradebeispiel eines richtigen Rennens. Wir sind größtenteils nicht Marathonläufer wie die Afrikaner, aber gerade das braucht es in der österreichischen Situation. Wir brauchen keine schnellen Slalomskiläufer, sondern Langläufer, die stundenlang unterwegs sind, um den Sieg zu gewinnen. Mit einer geduldigen, beharrlichen Art werden Österreicher und schließlich das ganze Land am ehesten erreicht werden.

# Teilzeitpastor mit Migrationshintergrund
Das neue Berufsbild des österreichischen Pastors

*Armin Wunderli,*
*Dozent an der EVAK, Fachbereichsleiter für „Praktische Theologie"*

Nachdenklich schaue ich das Formular an, das ich auszufüllen habe. Eigentlich ist klar, was hier gemeint ist: Der Gemeindeverband will wissen, wie viele Älteste es in der Gemeinde gibt, und wieviele davon Österreicher sind. Mein Name verrät es, und mein Akzent erst recht: Ich bin kein Österreicher. Also wäre der Fall eigentlich klar. Schweizer. Aber vielleicht will derjenige, der den Fragebogen konstruiert hat, etwas anderes wissen: Gibt es einen Missionar in der Gemeindeleitung? Nun, ob ich Missionar bin oder nicht, ist bis heute nicht endgültig geklärt. Ich bin nicht bei einer Missionsgesellschaft. Also kein Missionar. Bezahlt werde ich für den Dienst in der Gemeinde höchstens geringfügig, und zwar von der Gemeinde selbst. Ich arbeite also nur ein paar Stunden pro Woche für die Gemeinde und bekomme für diese Tätigkeit kein Geld aus dem Ausland. Das spricht ebenfalls dagegen, dass ich Missionar bin. Neben der Gemeinde arbeite ich etwa zur Hälfte bei der EVAK. Für diese Tätigkeit bekomme ich Geld aus dem Ausland bzw. aus meiner früheren Heimat. Also bin ich doch irgendwie ein Missionar, aber nicht für die Gemeinde. Die andere Hälfte der Arbeitszeit ist für den Klavierunterricht reserviert, den ich als Selbständiger erteile. Die Rechnung dafür bezahlen die Schüler bzw. deren Eltern. Dort bin ich also kein Missionar.

Meine eigene Situation zeigt die Veränderung, die beim Berufsbild des Pastors bzw. des Gemeindeleiters in Österreich im Gange ist. Früher kamen Missionare ins Land, die ihre Arbeitskraft den Gemeinden zur Verfügung stellten. Noch heute sind viele davon hier, und sie tun einen aufopfernden Dienst. Das Resultat ihrer Arbeit kann sich sehen lassen: Im ganzen Land sind viele Gemeinden entstanden, die zwar nicht schnell, aber doch stetig wachsen. Es konnten nicht nur neue Mitglieder gewonnen werden, sondern es gelang auch, immer mehr Österreicher für die Leitung der Gemeinde zu gewinnen.

Dieser Trend ist auch statistisch feststellbar: In Gemeinden, die langjährig beobachtet wurden, erkennt man eine deutliche Zunahme der Zahl der Ältesten, die Österreicher sind. Diese Entwicklung wird sich zwangsläufig fortsetzen, denn eine große Anzahl der derzeit aktiven Missionare rückt langsam ins Pensionsalter.

In naher Zukunft sind die Gemeinden deshalb vor neue Herausforderung gestellt: Es ist nicht damit zu rechnen, dass viele neue Missionare ins Land kommen. Die entstehenden Lücken müssen deshalb mit Leuten aus den eigenen Reihen gefüllt werden. Dabei haben die Gemeinden mit zwei Problembereichen zu kämpfen, die sich wechselseitig beeinflussen:

1. Sie müssen genügend Geld zur Verfügung stellen, um jemanden anstellen zu können.
2. Sie müssen Leute finden, die bereit sind, die neu geschaffenen Stellen zu füllen.

Diese zwei Problembereiche spielen nicht nur eine Rolle für die Zukunft der Gemeinden, sondern sie prägen auch das Berufsbild des zukünftigen Pastors.

## Die Finanzen und das Berufsbild des Pastors

Damit ein Missionar seine volle Arbeitskraft der Gemeinde zur Verfügung stellen kann, wird er vom Ausland finanziert. Dahinter steht ein persönlicher Freundeskreis, eine Missionsgesellschaft oder eine Gemeinde, meist jedoch eine Kombination von diesen drei Personengruppen. Das ermöglicht es dem Missionar, eine neue Gemeinde in Österreich zu gründen oder eine kleine Gemeinde zu betreuen. Für diese Gemeinde sind die Dienste des Missionars gratis. Oft werden aber Regelungen getroffen, bei denen die Gemeinde entsprechend ihrer Größe und ihren finanziellen Möglichkeiten mit der Zeit immer mehr mithelfen, den Missionar zu finanzieren.

Trotz solcher Regelungen kann es leicht geschehen, dass sich eine Gemeinde daran gewöhnt, dass sie die Dienste ihres Pastors nicht oder nur teilweise bezahlen muss. Aus der Not wird eine Gewohnheit, und mit den Jahren wundert sich vielleicht die Missionsgesellschaft, dass die Gemeinden immer noch nicht in der Lage sind, ihren Missionar zu finanzieren. Das kann einerseits finanzielle Gründe haben: In Österreich sind die Lohnnebenkosten sehr hoch, weshalb es für eine Gemeinde schwierig ist, eine Stelle zu finanzieren. Andererseits ist es aber auch möglich, dass die Sicht dafür fehlt. Man hat sich zu sehr daran gewöhnt, dass jemand anders für den eigenen Pastor bezahlt.

Was die Bezahlung von Mitarbeitern betrifft, kann man heute ein Umdenken beobachten. Viele Gemeinden bemühen sich, nach ihren Kräften eine Stelle zu schaffen, um jemanden anstellen zu können. Die Größe der Gemeinde lässt aber nur eine Teilzeitstelle zu. Das führt zu einer Veränderung des Berufsbildes des Pastors: War der Missionar noch voll für die Gemeinde da, kann der neue Pastor seine Arbeitszeit nur teilweise der Gemeinde zur Verfügung stellen. Er ist gezwungen, einer weiteren Tätigkeit nachzugehen, damit er genug zum Leben hat.

## Biblische Grundsätze zur Bezahlung von Mitarbeitern

Das Problem liegt aber oft tiefer als nur gerade bei der Frage, wie man das Geld für eine neu zu schaffende Stelle zusammenbringt. Manche Gemeindeglieder fragen sich, ob es angebracht ist, Leute für den geistlichen Dienst zu bezahlen. Paulus selbst hat doch den Thessalonichern und den Korinthern geschrieben, dass er kein Geld von ihnen genommen hat (1Thess 2,9; 2Thess 3,8; 2Kor 11,7; 12,13).

Nun war Paulus finanziell in einer ähnlichen Situation wie die heutigen Missionare. Tatsächlich hat er oft eine Arbeit in seinem ursprünglichen Beruf angenommen, um die Missionsarbeit selbst finanzieren zu können (z.B. Apg 18,3). Aber genauso ließ er sich seine Tätigkeit im Reich Gottes von Gemeinden finanzieren. In Phil 4,10-20 bedankte er sich für das Geld, das (endlich) aus Philippi bei ihm angekommen war. Gerade die Korinther machte er darauf aufmerksam, dass andere dafür bezahlt hatten, damit er in Korinth seinen Dienst an der Gemeinde verrichten konnte (2Kor 11,8). Paulus machte also die Gemeinden, die vom Geld anderer profitierten, darauf aufmerksam, dass das nicht heißt, dass Arbeitsleistungen im geistlichen Bereich notwendigerweise gratis zu sein haben. Er forderte die Gemeinden auf, sich finanziell am Reich Gottes zu beteiligen, sei es durch Bezahlung von Ältesten (1Tim 5,17-18) oder durch Spenden an Bedürftige in andern Gemeinden (Röm 15,27).

Der heutige Missionar steht im selben Spannungsfeld wie Paulus: Er bietet seine Leistung einer österreichischen Gemeinde an, welche von einer Gemeinde in seinem Heimatland finanziert wird. Die Gemeinde kommt dadurch in den Genuss eines Pastors, der vollzeitig zur Verfügung steht, muss aber gleichzeitig lernen, dass das ein provisorischer Zustand ist. Das Geld und das Personal aus dem Ausland werden zur Neige gehen, und die österreichische Gemeinde wird selbst dafür aufkommen – oder auf diesen Dienst verzichten müssen. Nimmt sie Paulus ernst, muss sie lernen, Älteste zu bezahlen und auch für andere Gemeinden oder Personen Geld aufzubringen, die ihrerseits eine Unterstützung benötigen. Das können Gemeinden im Ausland sein oder Gemeinden bzw. Bedürftige im Inland. Die Gemeinde soll vom Nutznießer finanzieller Leistungen selbst zum „Investor" im Reich Gottes werden.

Paulus geht in 1Kor 9 ausführlich auf dieses Spannungsfeld ein. Einerseits war er bereit, auf seinen Lohn zu verzichten. Das darf andererseits nicht dazu führen, dass die Gemeinde meint, sie sei nicht verpflichtet, ihm einen Lohn zu bezahlen. Paulus zitiert aus dem alttestamentlichen Gesetz und weist darauf hin, dass die Diener am Tempel von ihrer Arbeit leben konnten (1Kor 9,9-13). Daraus zieht er den Schluss, dass auch der Diener am Evangelium von seinem Dienst leben können muss. Das sei ein Befehl des Herrn (1Kor 9,14).

Für die Gemeinden heißt das eindeutig: Sie sind verpflichtet, diejenigen zu bezahlen, die ihren Dienst am Evangelium verrichten. Ebenso eindeutig äußert sich Paulus in 1Tim 5,17-18. Bezahlt werden hier die Leute, die sich „in der Lehre und im Wort mühen", oder anders ausgedrückt: Leute, die in der Verkündigung tätig sind. Das ist ein zeitaufwändiger Dienst, der nur sehr schwer auszuführen ist, wenn man nur die knappe Freizeit dafür zur Verfügung hat. Deshalb soll jemand, der diesen Dienst tut, dafür bezahlt werden, damit er seine andere Erwerbstätigkeit zugunsten der Gemeinde reduzieren oder aufgeben kann.

## Personal finden und ausbilden

Eine Gemeinde, die diese Grundsätze umsetzen will, wird sich also darum bemühen, Leute zu finden, die begabt sind für die Verkündigung, und sie wird diesen Leuten eine Bezahlung für ihre Dienste anbieten. Wenn sie Wert auf eine gute Qualität ihrer Verkündigung legt, wird sie sich auch überlegen, wo sie die Leute ausbilden lassen kann, die sie gerne anstellen möchte. Bei der Auswahl der Leute kommen zwei Personengruppen besonders in Frage:

Traditionell versucht man am ehesten junge Leute dazu zu motivieren, sich theologisch ausbilden zu lassen. Das macht Sinn, denn diese Personen haben noch ihr ganzes Erwerbsleben vor sich und können deswegen ihre Ausbildung optimal in den Gemeinden einsetzen. Gerade diese Altersgruppe kämpft aber mit den strukturellen und finanziellen Problemen der Gemeinden: Da fast nur Teilzeitstellen zur Verfügung stehen, sind sie praktisch gezwungen, noch einen zweiten Beruf zu erlernen, und zwar in einer Branche, in der es ebenfalls Teilzeitstellen gibt. Das klingt einfacher als es ist, denn wenn jemand begabt ist, wird er problemlos eine gut bezahlte Vollzeitstelle finden und dort eine schöne Karriere machen und viel verdienen können. Man verlangt also ein großes Opfer von den jungen Leuten, wenn man sie bittet, Theologie zu studieren. Dazu kommt, dass die Löhne in den Gemeinden oft so niedrig sind, dass es schwierig wird, damit eine Familie zu ernähren. Die Gemeinden bieten zwar eine Bezahlung an, aber die Anreize, diesen Beruf zu ergreifen, sind nicht besonders attraktiv.

Die zweite Personengruppe, die in Frage kommt, besteht aus Leuten, die schon lange im Erwerbsleben stehen und sich beruflich verändern wollen oder müssen, vielleicht weil ihnen gekündigt worden ist. Wenn sie älter als 50 Jahre alt sind, wird es für sie sehr schwer sein, eine geeignete Stelle zu finden. Für die Gemeinden sind das aber sehr wertvolle Mitarbeiter, da es gerade für Leiter gut ist, wenn sie nicht mehr ganz so jung sind. Sie bringen viel Lebenserfahrung mit und werden von der Gemeinde besser akzeptiert als ein Leiter, der jünger ist als die meisten anderen Gemeindeglieder.

Für diese beiden Gruppen ist das Angebot von den Gemeinden nicht attraktiv: Ein kleiner Lohn und nur Teilzeitstellen sind nicht besonders anziehend. Auch sie werden deshalb lernen müssen, was Paulus in 1Kor 9 sagt: Wenn die Notwendigkeit bestand, war er bereit auf seinen verdienten Lohn zu verzichten

(1Kor 9,15). Sein Anliegen war es nicht, möglichst gerecht entlohnt zu werden; damit rechnete er erst im Himmel. Er setzte alles dran, Gemeinden auf dieser Welt zu bauen, und um dieses Ziel zu erreichen, war er auch zu drastischen Schritten bereit. In der heutigen Zeit kann das heißen, auf eine gute Karriere zu verzichten und einen geringen Lohn in Kauf zu nehmen.

Wichtig ist, dass alle Beteiligten nur die für sie zutreffenden Schlüsse aus 1Kor 9 ziehen: Die Gemeinden sollen ihre Mitarbeiter angemessen bezahlen; die Mitarbeiter sollen bereit sein, ihre Ansprüche den Möglichkeiten der Gemeinde anzupassen und bei Bedarf darauf zu verzichten. Schwierig wird es dagegen, wenn jeder den Text für den andern auslegt: Die Gemeinden verlangen dann von ihren Mitarbeitern einen Verzicht ihres Lohns, und die Mitarbeitern fordern ihren verdienten Lohn ein.

## Theologische Ausbildung in Österreich

Wie geht es aber weiter, wenn diese Punkte alle reflektiert und gelöst wurden? Die Gemeinde findet vielleicht jemanden, der bereit ist, eine theologische Ausbildung zu machen und verspricht auch, ihn nach der Ausbildung anzustellen. Bis vor kurzem musste ein Österreicher, der evangelikale Theologie studieren wollte, ins Ausland gehen. In Deutschland, in der Schweiz und in Amerika gibt es zwar genügend gute Ausbildungsstätten, aber wer einmal ins Ausland gezogen ist und die Arbeitsbedingungen dort erlebt hat, kommt wahrscheinlich nicht mehr nach Österreich zurück. Deshalb wurde vor einigen Jahren die Evangelikale Akademie (EVAK) in Wien gegründet. Ziel dieser Ausbildungsstätte ist es, Leute vor Ort für ihren Dienst in der Gemeinde auszubilden.

Die EVAK berücksichtigt die verschiedenen Voraussetzungen der Gemeinden und der potenziellen Studenten. So bietet sie ein modulares System an, bei dem die Vorlesungen abends und am Wochenende stattfinden. Junge Leute können an der Uni studieren und gleichzeitig ein EVAK-Studium absolvieren. Am Ende ihrer Ausbildung haben sie zwei Berufe und können diese vielleicht miteinander kombinieren. Es wird aber auch ein Vollzeitstudium angeboten, so dass jemand einen Abschluss auf Bachelor-Niveau in drei Jahren machen kann. Dabei ist es aber nötig, dass er seinen Tagesablauf etwas umstellt, da die Vorlesungen abends stattfinden, und er braucht recht viel Disziplin, da er sich einiges im Selbststudium erarbeiten muss. Gerade auch für Personen, die schon länger im Erwerbsleben stehen, bietet die EVAK eine Studienrichtung auf Masterniveau an. So müssen Leute, die früher schon in einem andern Bereich studiert und vielleicht gearbeitet haben, nicht ganz von vorn beginnen, sondern können auf dem Master-Niveau weiterstudieren.

Nun hat es sich aber gezeigt, dass es nicht so einfach ist, Theologiestudenten zu gewinnen. Das Berufsziel „Pastor" ist für viele junge Leute nicht im Blickfeld, vielleicht weil es nicht attraktiv ist, vielleicht aber auch, weil es in ihrem Umfeld keine oder zu wenig Vorbilder gibt, die diesen Weg gegangen sind. Leute, die schon etwas älter sind, denken in Österreich hingegen oft eher an eine Frühpension als an eine weitere Ausbildung.

Trotzdem gibt es beide Altersgruppen an der EVAK: Zum einen junge Leute, die sich trotz schlechter Berufsperspektive auf einen voll- oder teilzeitlichen Dienst vorbereiten, und zum andern Leute im mittleren Alter, die bereit sind, als Quereinsteiger Theologie zu studieren.

## Studenten und Dozenten mit Migrationshintergrund

Die EVAK will einheimische Mitarbeiter für einen vollzeitlichen Dienst ausbilden. Es gibt zwar Anzeichen, dass dieses Ziel tatsächlich erreicht werden kann, aber die Erwartungen waren wesentlich größer als die tatsächlich erzielten Resultate. Längerfristig wird es wohl erreicht werden, kurzfristig hat sich eher Ernüchterung breit gemacht. Es ist bereits jetzt abzusehen, dass es nicht genügend EVAK-Absolventen geben wird, wenn weitere Missionare in Pension gehen.

„Wir wollen Österreicher für Österreich ausbilden", sagte der Rektor an der Abschlussfeier der ersten Absolventin. Nur: Sie war eine Deutsche, die damals in Österreich lebte. Mittlerweile ist sie in Südafrika. Auch für Bulgarien hat die EVAK bereits Personal ausgebildet. Das Bild ist also wesentlich bunter, als es im ersten Moment aussieht, und es spiegelt die Gemeindelandschaft einer Großstadt wie Wien: Hier gibt es nicht nur deutschsprachige, sondern auch rumänische, polnische, chinesische, englische und viele andere Gemeinden. Aber auch in den deutschsprachigen Gemeinden wird nicht nur deutsch gesprochen. In der kleinen Gemeinde beispielsweise, in der ich zu Hause bin, hört man neben Deutsch in verschiedenen Dialekten (Österreichisch, Hochdeutsch und Schweizerdeutsch) auch Arabisch und Ungarisch.

Mit andern Worten: Die österreichischen Gemeinden profitieren nach wie vor sehr viel von zugewanderten Personen. Nur ist längerfristig nicht damit zu rechnen, dass diese Personen das Geld aus dem Ausland mitbringen. Vielleicht gehören sie der zweiten Generation an oder sie sind schon zu lange im Land und besitzen deshalb zu wenig Kontakte in ihrem Heimatland, um dort Spenden lukrieren zu können. Sehr wahrscheinlich wollen sie das auch gar nicht, sondern sie arbeiten in ihrem Beruf und dienen nach ihren Kräften und Möglichkeiten in der Gemeinde. Vielleicht entschließen sich manche von ihnen für ein Studium an der EVAK und arbeiten dann ganz oder teilweise oder auch nur ehrenamtlich in der Gemeinde mit, je nachdem, was ihnen die Gemeinde ermöglicht.

Die Grenzen zwischen Österreichern und Nicht-Österreichern werden also auch in der Theologie immer mehr verwischt, so dass es nicht mehr möglich sein wird, eine Statistik mit den herkömmlichen Kategorien zu erstellen. Diese Entwicklung wird durch eine immer engere Vernetzung der deutschsprachigen mit den fremdsprachigen Gemeinden verstärkt.

Die Wahrscheinlichkeit, dass es unter den zukünftigen österreichischen Pastoren solche mit Migrationshintergrund gibt, ist also weiterhin groß. Nur werden die Gemeinden ihren Lohn selbst aufbringen müssen. Umgekehrt engagieren sich die österreichischen Gemeinden immer mehr in der Weltmission und senden eigene Leute aus. Auch diese brauchen eine Ausbildung, die sie an der EVAK bekommen können. Der österreichische Theologe wird also auch in Zukunft nicht unbedingt einen österreichischen Pass haben, und unter den Missionaren in fernen Ländern wird es immer mehr Österreicher geben.

Dass man von zugewanderten Leuten sehr viel profitieren und gleichzeitig auch etwas ins Ausland weitergeben kann, weiß man in Wien schon seit vielen Generationen: Mozart, Beethoven und Brahms stammten nicht aus Wien und waren trotzdem Wiener Komponisten; und das Neujahrskonzert der Wiener Philharmoniker wird in der ganzen Welt gerne gehört.

# Teilnehmer statt Zaungäste

Die Kinder bei der Taufe und beim Abendmahl

*Armin Wunderli,*
*Dozent an der EVAK, Fachbereichsleiter für „Praktische Theologie"*

Helena ist acht Jahre alt und glaubt an Jesus. Ihre Eltern sind Mitglieder einer Freikirche. Nachdem eine Kinderstundenmitarbeiterin die Geschichte von Philippus und dem Äthiopier erzählt hatte, sagte sie, dass auch sie sich taufen lassen wollte. Die Gemeindeleitung beschied ihr aber, dass sie noch warten müsse, bis sie zwölf Jahre alt sei.

Benedikt war zwölf Jahre alt. Er las ein Buch über die christliche Lehre, in dem es auch ein Kapitel über die Taufe gab. Er ging zur Gemeindeleitung und wollte sich taufen lassen. Dort löste das eine Diskussion aus um die Frage, ob es sich wirklich um eine eigenständige Entscheidung handle. Die Taufe fand trotzdem statt, und heute, ein Jahrzehnt später, meint Benedikt, dass ihm die Taufe sehr durch die Pubertätszeit geholfen habe.

Die Kinderstunde war bereits zu Ende und die Kinder kamen zu ihren Eltern zurück. Diese saßen aber noch im Gottesdienst und feierten gerade das Abendmahl. So geschah es, dass auch die Kinder beim Abendmahl dabei waren. Die einen nahmen vom Brot, die andern nicht. Manche Eltern gaben ihnen den Becher mit dem Traubensaft, andere nicht. In der folgenden Zeit wurde in der Gemeinde darüber diskutiert, ob es gut sei, dass die Kinder das Abendmahl bekommen. Sind sie würdig genug, um es zu nehmen? Besteht nicht die Gefahr, dass ein Kind noch nicht an Jesus glaubt und durch das Einnehmen des Abendmahls meint, eine Bekehrung sei nicht mehr nötig?

Nina war achtzehn Jahre alt, als sie gefragt wurde, ob sie sich taufen lassen wolle. Sie hatte dieses Bedürfnis nicht. Schon seit sie denken kann, gehört sie zur Gemeinde, und bekehrt hat sie sich als kleines Kind. Warum jetzt plötzlich eine Taufe nötig sein soll, leuchtet ihr nicht ein.

Diese vier Situationen berühren die Thematik rund um die christlichen Feste Taufe und Abendmahl: Wann sollen die Kinder getauft werden? Sollen sie bei der Feier des Abendmahls dabei sein und wie die Erwachsenen Brot und Wein bekommen? Oder etwas allgemeiner gefragt: Sind die Kinder bei der Taufe und beim Abendmahl nur Zuschauer oder können sie aktiv an diesen Feiern teilnehmen?

Die großen Kirchen haben das so gelöst, indem sie die Kinder bald nach der Geburt taufen. Von da an gehört das Kind als Mitglied zur Gemeinde. In der katholischen Kirche ist die Teilnahme an der Eucharistie durch die Erstkommunion einheitlich geregelt. Die Freikirchen gehen einen andern Weg: Getauft werden nur Personen, die sich für den Glauben an Jesus entschieden haben. Manchmal wird diese Taufe „Erwachsenentaufe" genannt, was impliziert, dass Kinder nicht getauft werden können. Sie bekommen bei der Taufe also eine reine Zuschauerrolle.

In Österreich ist man mit 14 Jahren religionsmündig und könnte ab diesem Alter getauft werden. Was aber soll man tun, wenn ein Kind vor diesem Alter schon behauptet, dass es an Jesus glaubt? Und wie ist es bei der Abendmahlsfeier? In der Regel umgehen die Gemeinden dieses Problem, indem sie parallel zur Abendmahlsfeier eine Kinderstunde anbieten. Faktisch bedeutet das, dass die Kinder bis zum Alter von etwa zwölf Jahren keine Abendmahlsfeier miterleben. Dann, wenn sie nicht mehr in der Kinderstunde sind, nehmen sie daran teil, obwohl vermutlich niemand danach fragt, ob sie nun an Jesus glauben oder nicht.

## Kinder im Alten Testament

Diese Fragen stellten sich im alten Israel nicht – nicht nur, weil es damals noch keine Taufe und kein Abendmahl gab, sondern weil die Zugehörigkeit zum Volk Gottes und die damit verbundene Teilnahme an den Festen im Gesetzbuch geregelt wurden. Die Kinder wurden am achten Tag nach ihrer Geburt beschnitten und gehörten damit zum Volk dazu. Ein Kind kam also nicht durch den Glauben sondern durch die Abstammung zum Volk Gottes dazu.

Das bedeutete aber nicht, dass es egal war, was die Israeliten glaubten. Immer wieder forderte Gott von ihnen, dass sie seine Gesetze hielten. In Dt 6 wird zudem mit Nachdruck bestimmt, dass die Eltern ihren Kindern das mosaische Gesetz nahebringen sollen mit dem Ziel, dass die Kinder von klein an lernen, diese Gebote ebenfalls zu halten. Bei der Vermittlung dieser Gebote sind der Phantasie keine Grenzen gesetzt. Der folgende Vers zeigt die Dringlichkeit dieses Anliegens:

> „Und diese Worte, die ich dir heute gebiete, sollst du zu Herzen nehmen und sollst sie deinen Kindern einschärfen und davon reden, wenn du in deinem Hause sitzt oder unterwegs bist, wenn du dich niederlegst oder aufstehst." (Dt 6,6-7; s.a. Dt 11,19)

Die Eltern waren dafür verantwortlich, dass die Kinder nicht nur die Gebote Gottes, sondern auch seine Taten und die Geschichte Israels kennen lernten. Damit das gelingen konnte, wurden Feste gefeiert, in denen die Kinder den Auszug aus Ägypten nicht nur erzählt bekamen, sondern ihn jedes Jahr noch einmal erleben konnten (Ex 12,26-27). Die Kinder waren also auch bei den Festen nicht einfach unbeteiligte Zuschauer, sondern sie waren in der Mitte des Geschehens: Ihnen wurden die Geschichten erzählt, sie wohnten in Laubhütten, und sie aßen vom ungesäuerten Brot und vom geopferten Lamm. So wurde die Geschichte Gottes mit seinem Volk über Generationen hinweg wach gehalten.

Obwohl sich der Gesetzgeber also gut überlegt hatte, wie der Glaube von den Eltern an die Kinder weitergegeben werden konnte, funktionierte es trotzdem nicht (s. Ri 2,10; 2Chron 35,18).

## Gemeindezugehörigkeit im Neuen Testament

Im Alten Testament wurde die Volkszugehörigkeit der Kinder vorausgesetzt. Darauf aufbauend wurden sie gelehrt, das Gesetz zu halten. Im Neuen Testament ist die Gemeinde das Volk Gottes (1Petr 2,9; Tit 2,14). Die Zugehörigkeit zur Gemeinde geschieht nicht mehr durch die physische Geburt sondern durch die Neu- bzw. Wiedergeburt (1Petr 1,3; Joh 3,3). Die Apostelgeschichte erzählt ausführlich davon, wie die Menschen zur Gemeinde dazukamen. Die einzelnen Schritte werden gleich zu Beginn des Buches aufgezählt:

> „Petrus sprach zu ihnen: Tut Buße und jeder von euch lasse sich taufen auf den Namen Jesu Christi zur Vergebung eurer Sünden, so werdet ihr empfangen die Gabe des Heiligen Geistes." (Apg 2,38)

Petrus nennt hier die folgenden Schritte:

- ❏ „Buße tun", oder wörtlich: umdenken. Das bezieht sich auf Jesus, über den Petrus vorher in seiner Pfingstpredigt geredet hat. Nur kurz davor war Jesus am Kreuz hingerichtet worden. In den Augen der Zuhörer war damit erwiesen, dass er ein Schwerverbrecher gewesen war. Die anschließende Auferstehung, die Petrus bezeugte, ließ dieses Ereignis in einem andern Licht erscheinen: Jesus war kein Verbrecher sondern der Sohn Gottes. Er war der Träger der alttestamentlichen Verheißungen, und als solcher hatte er eine göttliche Autorität über das Leben der Menschen. In Bezug auf ihn mussten die Zuhörer also nicht nur anders denken, sondern diese Autorität über ihrem Leben anerkennen.

- ❏ Die Taufe war mindestens seit den Tagen Johannes des Täufers bekannt. Bei ihm diente sie dazu, die Sünden abzuwaschen und zu bezeugen, dass man ein besseres Leben führen wollte (Lk 3,3.8a). Im Missionsbefehl gab Jesus der Taufe noch eine weitere Bedeutung: Wer sich taufen lässt, trägt von nun an seinen Namen (Mt 19). Das ist ein Ausdruck der sehr engen Identifikation zwischen Jesus und dem Gläubigen, welche auch Petrus in seiner Aussage betont und durch die Verheißung des Heiligen Geistes unterstreicht.

- ❏ Die Antwort Gottes ist die Vergebung der Sünden.

- ❏ Auch die Gabe des Heiligen Geistes wird den Gläubigen versprochen. Die Wirkung dieses Geistes haben die damaligen Zuhörer bereits beobachten können. Er ist es, der den Menschen befähigt, das Leben im Glauben so zu führen, dass er dem Namen Jesu, den er nun trägt, gerecht werden kann.

Viele Menschen glaubten dem, was Petrus in dieser Predigt gesagt hatte. Lukas schreibt dazu:

„Die nun sein Wort annahmen, ließen sich taufen; und an diesem Tage wurden hinzugefügt etwa dreitausend Menschen." (Apg 2,41)

Diese fünf Schritte – Glaube, Taufe, Vergebung der Sünden, Empfang des Heiligen Geistes und Gemeindezugehörigkeit – gehörten von nun an zum Start eines Lebens als Christ. Die Apostelgeschichte berichtet davon und die Briefe bestätigen es. Es gab keine Taufe und auch keine Sündenvergebung ohne Glauben. Wer an Jesus glaubte, bekam den Heiligen Geist und gehörte zur Gemeinde dazu, wobei hier an eine physische Zugehörigkeit gedacht ist. Man traf sich also regelmäßig mit den andern Gläubigen, um die biblische Lehre kennen zu lernen, miteinander Gemeinschaft zu pflegen, gemeinsam zu beten und das Abendmahl zu feiern (Agp 2,42).

## Die Taufe von ganzen Familien

Die neugegründeten Gemeinden versammelten sich in den Häusern (Apg 2,46; Röm 16,5; Phlm 2; Kol 4,15). Aus der neutestamentlichen Missionsgeschichte sind fünf Beispiele bekannt, bei denen sich gleich ganze Häuser zum christlichen Glauben bekehrten: Cornelius (Apg 11,14), Lydia (Apg 16,15), der Kerkermeister in Philippi (Apg 16,31-34), der Synagogenvorsteher Krispus in Korinth (Apg 18,8) und Stephanas (1Kor 1,16).

Es wird nirgends gesagt, ob Kinder dabei waren, wenn ganze Häuser getauft wurden, es wird aber auch nicht ausgeschlossen. Das griechische Wort für „Haus" lautet οἶκος (oikos), das auch mit „Familie" übersetzt werden kann.[1] Apg 16,14 bedeutet dann: „Als sie und ihre Familie getauft worden waren..." oder Apg 18,8: „Krispus, der Vorsteher der Synagoge, kam zum Glauben an den Herrn mit seiner ganzen Familie". Auch in der deutschen Sprache denkt man sich die Kinder dazu, wenn man das Wort „Familie" hört. Es gibt zwar Familien ohne Kinder, aber wenn im Neuen Testament mehrmals erzählt wird, dass sich ganze Familien bekehrt haben, muss man mindestens davon ausgehen, dass Kinder auch dabei sein konnten und nicht ausgeschlossen wurden, wenn die ganze Familie getauft wurde.

Kinder wurden also gemeinsam mit ihren Eltern getauft. Damit sind längst nicht alle Fragen geklärt – im Gegenteil. Diese kurzen Notizen im Neuen Testament über die Taufe von ganzen Familien lösen eine ganze Reihe von Fragen aus: Gab es ein Mindestalter für die Taufe von Kindern? Wenn ja, wel-

---

[1] Bauer, Walter; Aland, Kurt, *Griechisch-deutsches Wörterbuch zu den Schriften des Neuen Testaments und der frühchristlichen Literatur*, Berlin: de Gruyter, 1988, Sp. 1137.

ches? Wenn nein, wie konnte gewährleistet werden, dass nur Leute getauft wurden, die tatsächlich an Jesus glaubten? Was geschah mit den Kindern, die nach der gemeinsamen Taufe geboren wurden? Wurden sie gleich als Säuglinge nachträglich getauft? Mussten sie bis zu einem bestimmten Alter mit der Taufe warten? Welche Bedingungen musste ein Kind erfüllen, damit es getauft werden konnte?

Diese Fragen werden im Neuen Testament nicht beantwortet. Offenbar sind sie nicht so wichtig. Angesichts der jahrhundertelangen Auseinandersetzung zwischen der Säuglings- und der Glaubenstaufe ist dieser Befund erstaunlich. Allerdings macht das Neue Testament sehr wohl Angaben über die Zugehörigkeit der Kinder zur Gemeinde, und wenn man diese Angaben mit den Anweisungen Petrus' kombiniert, lässt sich daraus ein gangbarer Weg für die heutigen Gemeinden ableiten.

## Kinder als Teil der christlichen Familie

Dass Kinder selbstverständlich zu einem Haus (zur Familie) dazugehörten, wurde bereits gezeigt. In Eph 5 und in Kol 3 wird dieser Befund bestätigt. Dort richtet Paulus einzelne Anweisungen an die verschiedenen Mitglieder eines Hauses. Da ist zuerst der Hausvater, der die Verantwortung über das gesamte Haus trägt. Dann wird die Frau erwähnt und in der Folge die Kinder und die Sklaven. Allen Beteiligten schreibt Paulus, was es in ihrer Stellung bedeutet, ein christliches Leben zu führen. Auch ihre Beziehung zum Hausvater wird beleuchtet, da das Haus auf ihn hin ausgerichtet ist.[2] Paulus macht dem Hausvater jedoch auch die Verantwortung über die andern Mitglieder des Hauses deutlich. Das christliche Familienoberhaupt kann nicht mehr schalten und walten, wie es will, sondern es muss seine Verantwortung den anderen gegenüber wahrnehmen.

In diesem Zusammenhang ist es nun aufschlussreich, was Paulus über die Kinder schreibt:

> „Ihr Kinder, seid gehorsam euren Eltern in dem Herrn; denn das ist recht. ‚Ehre Vater und Mutter', das ist das erste Gebot, das eine Verheißung hat: ‚auf dass dir's wohlgehe und du lange lebest auf Erden'. Und ihr Väter, reizt eure Kinder nicht zum Zorn, sondern erzieht sie in der Zucht und Ermahnung des Herrn." (Eph 6,1-4)

> „Ihr Kinder, seid gehorsam den Eltern in allen Dingen; denn das ist wohlgefällig in dem Herrn. Ihr Väter, erbittert eure Kinder nicht, damit sie nicht scheu werden." (Kol 3,20-21)

Die Kinder erhalten die Anweisung, den Eltern gehorsam zu sein. Das ist für die damalige Zeit nicht weiter überraschend und bleibt für sie bis heute eine

---

[2] Müller, Peter, *In der Mitte der Gemeinde. Kinder im Neuen Testament,* Neukirchen-Vluyn: Neukirchener Verlag, 1992, S. 314-316.

Herausforderung. In Eph 6,2-3 wird das mit einem der zehn Gebote begründet. Als weitere Begründung steht in Eph 6,1, dass das recht sei, und in Kol 3,2, dass das im Herrn wohlgefällig sei.

Diese Begründungen machen deutlich, dass Paulus die Kinder als gläubig betrachtet. Wäre es nicht so, könnte er das Gesetz nicht als Begründung anführen. Auch die Tatsache, dass ihr Verhalten Gott wohlgefällig sein soll, kann nur für gläubige Leser gelten. In Kol 3 verwendet Paulus zudem auch bei andern Personengruppen ähnliche Formulierungen: Die Frauen sollen sich unterordnen, *wie es sich gebührt im Herrn* (V. 18), und die Sklaven sollen ihrem Besitzer gehorsam sein *in der Furcht des Herrn* (V. 22). Alle diese Personen werden also als gläubig betrachtet. Sie sollen das Leben in ihrer besonderen Stellung so führen, wie es ihrem Glauben an Jesus entspricht.

Was für die Frauen und die Sklaven gilt, muss man auf Grund der Parallelität des Textes auch für die Kinder annehmen: Sie sind gläubig wie alle andern auch, und Paulus' Anweisungen zeigen ihnen, was es bedeutet, als Kind ein Leben im Glauben zu führen. Am Ende des Abschnitts schreibt Paulus den Beteiligten, dass sie alles für Gott und nicht für die Menschen tun sollen (V. 23). Auch das ist nur dann möglich, wenn die angeredeten Personen, zu denen auch die Kinder gehören, tatsächlich Gott als ihren Herrn anerkennen.

Damit ist die Frage des Zeitpunktes der Bekehrung oder der Taufe nicht geklärt, sehr wohl aber eine andere wichtige Frage: Die Kinder gehören selbstverständlich als Mitglieder der christlichen Familie auch zur Gemeinde dazu. Sie werden als gläubig betrachtet. Bedenkt man, dass auch das Abendmahl in den Häusern gefeiert wurde (Apg 2,46), kann man den Schluss ziehen, dass auch da die Kinder dabei waren. Das überrascht nicht, denn im Alten Testament war es nicht anders. Dort waren Kinder nicht Zaungäste beim Fest, sondern sie waren als Teilnehmer mitten im Geschehen. Sie mussten nicht zuschauen, wie die Erwachsenen feierten, und sie mussten schon gar nicht hinausgehen, wenn der eigentliche Festakt wie zum Beispiel das Essen des Passahlammes begann.

## Jesus und die Kinder

Die Beobachtungen aus der Apostelgeschichte und aus den Briefen passen gut zu den Aussagen, die Jesus über die Kinder macht: In Mk 10,13-14 schalt Jesus die Jünger, weil sie die Kinder wegschicken wollten. Er erlaubte nicht nur, dass die Kinder zu ihm kamen, sondern er segnete sie und sagte den wohl etwas konsternierten Erwachsenen, dass solchen Menschen wie Kindern das Reich Gottes gehöre. Die Kinder stehen also nicht am Rand oder außerhalb des Reiches Gottes, sondern in dessen Mitte. In Mk 9,37 geht Jesus noch einen Schritt weiter und stellt den Jüngern ein Kind als Vorbild hin. Sie hatten vorher gerade darüber verhandelt, wer im Reich Gottes der Größte sei. Jesus stellte alle Vorstellungen über die Größe von Menschen auf den Kopf und erklärte ein Kind zum Vorbild für den eifrigen Jünger, der im Reich Gottes etwas Besonderes sein möchte.

Auf diesem Hintergrund kann sich ein Erwachsener nicht mehr die Frage stellen, ob ein Kind genug verstehen kann, um an Jesus glauben zu können, sondern er ist aufgefordert, sich den kindlichen Glauben zum Vorbild zu nehmen. An Jesus zu glauben bedeutet demnach nicht, eine Dogmatik möglichst vollständig zu verstehen und zu verinnerlichen – auch wenn sie noch so biblisch korrekt ist –, sondern auf Jesus zu vertrauen. Und das können die Kinder besser als die Erwachsenen.

Die Gemeinde Jesu tut also gut daran, auch in Bezug auf die Kinder so zu handeln wie er selbst: Kinder sind nicht nur geduldete Zaungäste der Gemeinde, die darauf warten, erwachsen zu werden – die Zukunft der Gemeinde, wie oft gesagt wird –, sondern sie sind ein wichtiger Teil der jetzigen, gegenwärtigen Gemeinde. Die Lernprozesse verlaufen nicht nur von den Erwachsenen zu den Kindern, sondern auch umgekehrt.

Auf Grund des neutestamentlichen Befundes stellt sich ernsthaft die Frage, ob die Erwachsenen berechtigt sind, beim Abendmahl den Kindern zu zeigen, dass sie eigentlich gar nicht dazugehören, wenn sie nicht an Jesus glauben. Er selbst geht offenbar von einem selbstverständlichen Glauben der Kinder aus, und Paulus sagt, dass die Kinder, die mindestens einen gläubigen Elternteil haben, geheiligt sind (1Kor 7,14). Jesus hätte wohl kaum zu den Kindern gesagt: „Wer von euch an mich glaubt, darf mit mir das Abendmahl feiern", sondern vielleicht eher: „Kommt Kinder, wir feiern miteinander das Abendmahl, und ich erzähle euch, wie es damals war, als ich es zum ersten Mal mit meinen Jüngern feierte."

Im Alten Testament dienten die Feste dazu, den Kindern die Geschichte Gottes mit seinem Volk zu erzählen. Warum soll es im Neuen Testament anders sein? Entscheidend ist dann nicht die Frage, ob die Kinder beim Abendmahl teilnehmen und wenn ja, unter welchen Bedingungen, sondern dass sie dort die Geschichte Jesu hören. Die größere Herausforderung als die Frage der Teilnahme ist die Gestaltung des Festes: Den Kindern muss genau erklärt werden, was hier geschieht und weshalb dieses Fest gefeiert wird. So werden sie wie die alttestamentlichen Kinder zu Teilnehmern der großen Geschichte Gottes mit den Menschen und können durch dieses Fest das Ereignis, das unseren Glauben begründet, nicht nur hören, sondern auch schmecken.

## Im Glauben erziehen

Paulus gibt nicht nur den Kindern Anweisungen, sondern auch den Hausherren, die als Väter Verantwortung für die Kinder tragen. Sie sollen ihre Kinder nicht zum Zorn reizen, sondern sie „in der Zucht und Ermahnung des Herrn" aufziehen (Eph 6,4).

Paulus muss diese Aussage nicht weiter ausführen oder begründen, denn sie war den Zuhörern bekannt. In Dt 6 steht dasselbe mit andern Worten. Das alttestamentliche Gebot behielt also auch in der Gemeinde seine Gültigkeit. Die neutestamentlichen Kinder sollen wie früher die israelitischen Kinder den Glauben an Gott von Anfang an kennen lernen. Sie sollen angehalten werden, nach Gottes Geboten zu leben. Von klein an üben sie es, und wenn sie erwachsen sind, haben sie das Leben als Christ so verinnerlicht, dass sie in der Lage sind, dieses wiederum an ihre Kinder weiterzugeben.

Bei diesem ganzen Prozess spielt die Frage des Zeitpunktes der Taufe keine Rolle. Auf diesen kommt es nicht an, sondern auf die Erziehung im Glauben, die eine ungleich größere Herausforderung darstellt, als ein Kind oder einen Teenager zu taufen. Entscheidend ist nicht der Zeitpunkt, wann das Kind beginnt, an Jesus zu glauben – manche Kinder hören einen entsprechenden Aufruf so oft, dass sie sich immer wieder bekehren –, sondern dass es Schritt für Schritt lernt, ein Leben im Glauben zu führen.

## Bekehrung und Taufe von Kindern

Es kann aber nicht darum gehen, den Kindern den Glauben anzuerziehen. Was für Erwachsene gilt, gilt auch für Kinder: Ein Gott wohlgefälliges Leben ist nur durch den Heiligen Geist möglich. Die Kinder müssen nicht nur lernen, was es heißt, ein solches Leben zu führen, sondern sie müssen zu dem hingeführt werden, der ein solches Leben überhaupt ermöglicht.

Für die Praxis ist es deshalb wichtig, die beiden Grundsätze aus dem Alten und dem Neuen Testament zu kombinieren: Ein Kind soll wie im Alten Testament die Chance bekommen, in den Glauben und in die Gemeinde hineinzuwachsen, und es soll wie im Neuen Testament die Möglichkeit haben, sich für den Glauben an Jesus zu entscheiden. Dabei gelten dieselben Regeln wie für die Erwachsenen: Auch ein Kind kann Jesus als Herrn anerkennen und an ihn glauben. Die Erkenntnis der Sünde ist ebenfalls möglich, und es darf wie die Erwachsenen die Vergebung empfangen. Dass die Sünden der Kinder kleiner sind als die der Erwachsenen, ist dabei kein Nachteil. Nach all dem, was Jesus über die Kinder gesagt hat, wird er ihnen auch mit Freuden den Heiligen Geist geben, wenn sie ihn darum bitten. Und wer sind wir Menschen, dass wir ihnen die Taufe verwehren? So kann ein Kind, wenn es in der Lage ist, an Jesus zu glauben, auch getauft werden und ist von nun an ein vollwertiges Mitglied der Gemeinde. Es muss nicht mehr „missioniert" werden, sondern es darf in der Gemeinde im Glauben wachsen.

Das Kind wird also nicht automatisch als Säugling getauft, wenn es in eine christliche Familie hineingeboren wird, sondern später, wenn es sich entschieden hat, an Jesus zu glauben. Die Chance, dass es diese Entscheidung trifft, ist sehr groß, denn es kennt von klein auf nichts anderes. Später wird es vielleicht sagen, dass es in den Glauben hineingewachsen ist. Es wird sich nicht mehr erinnern, wann es sich für Jesus entschieden hat, denn in seiner Erinnerung hat es schon immer an Jesus geglaubt. An die Taufe wird es sich aber zurückerinnern. Dort hat das Kind öffentlich zum Ausdruck gebracht, dass es an Jesus glaubt, und die Gemeinde hat ihm öffentlich bestätigt, dass es diesen Glauben genauso ernst nimmt wie bei einem Erwachsenen.

Wie ist es aber dann in der Pubertät? Gibt es nicht viele Kinder, die in dieser schwierigen Zeit vom Glauben wegkommen? Wäre es da nicht besser, wenn man die Kinder erst nach der Pubertät, also etwa ab 16 oder 18 Jahren taufen würde? Diese Argumentation mag auf den ersten Blick einleuchten, aber sie tangiert ein Problem, das Erwachsene genauso betrifft. Manche Gläubige werfen ihren Glauben nicht im Teenageralter, sondern zu einem späteren Zeitpunkt über Bord. Würde man bei den Erwachsenen ebenso argumentieren, müsste man sagen, dass man eine Person erst dann taufen kann, wenn sie eine Glaubenskrise erfolgreich überstanden hat. Aber selbst dann gibt es keine Garantie, dass sie die nächste Krise ebenfalls erfolgreich übersteht. Das würde dann für eine Taufe kurz vor dem Tod sprechen.

Es gibt keinen Grund, weshalb man bei den Kindern einen höheren Maßstab ansetzen soll als bei den Erwachsenen. Die Taufe findet am Anfang des Glaubenslebens statt und wird auf Grund des Glaubens durchgeführt. So wie eine Hochzeit keine Garantie dafür ist, dass die Ehe gelingt, so ist auch die Taufe keine Garantie, dass der Getaufte im vor ihm liegenden Leben beim Glauben bleibt. Sie bleibt eine Momentaufnahme: Ein Ausdruck des Kindes, dass es an Jesus glaubt und ihn als Herrn anerkennt, und ein Ausdruck der Gemeinde, dass sie diesen Glauben ernst nimmt.

Aber können die Kinder überhaupt so eine weitreichende Entscheidung für das ganze Leben treffen? Sind sie überhaupt in der Lage, die ganze Tragweite einer solchen Entscheidung wenigstens ansatzweise zu erfassen? Nun – das schaffen die Erwachsenen auch nicht. Kindern und Erwachsenen bleibt deshalb nichts anderes übrig, als auf Jesus zu vertrauen, dass er sie nicht nur in seinen Dienst ruft, sondern sie auch durch alle Glaubenskrisen hindurch trägt.

## Bibliographie

- Gehring, Roger W., *Hausgemeinde und Mission. Die Bedeutung antiker Häuser und Hausgemeinschaften – von Jesus bis Paulus,* Gießen: Brunnen-Verlag, 2000.
- Mergler, Peter, *Die Rolle des Kindes im Bund Freier Evangelischer Gemeinden in Deutschland. Ein Beitrag zum freikirchlichen Gemeindeaufbau mit Kindern unter Berücksichtigung des ökumenischen Kontextes,* Frankfurt am Main: Lang, 2007.
- Müller, Peter, *In der Mitte der Gemeinde. Kinder im Neuen Testament,* Neukirchen-Vluyn: Neukirchener Verlag, 1992.

# Wie gehen wir mit Leitern um?[1]

*Richard Moosheer,*
*Mitbegründer und Rektor der EVAK*

## Einleitung

Immer weniger junge Leute lassen sich an den Bibelschulen in Europa ausbilden. Und wenn sie es tun, dann wollen einige nach dem Studium weiterstudieren, eine wissenschaftliche Laufbahn einschlagen, oder Lehrer an einer theologischen Ausbildungsstätte werden. Manche wählen einen Weg in eine Arbeit im Sozialbereich oder auch in die Wirtschaft. Das ist nicht nur mein Eindruck aufgrund von Gesprächen mit anderen Leitern theologischer Ausbildungsstätten, es findet auch bereits Niederschlag in Publikationen. So sagt Horst Schaffenberger, Leiter des theologischen Seminars St. Chrischona in einem Interview: „Es ist beängstigend, wie wenig Menschen sich zum Pfarrer ausbilden lassen. Das zeigen zum Beispiel die stark rückläufigen Ausbildungszahlen an den Universitäten. Ansonsten nehme ich einen sehr starken Trend in Richtung Soziales wahr: Theologie eher kompakt zu studieren und dann noch etwas Soziales, Diakonisches oder Pädagogisches zu machen. An solchen Berufsbildern haben junge Menschen großes Interesse."[2]

Nur wenige junge Männer wollen heute noch Pastoren werden! Manchmal sind es nur 10-20% der Absolventen eines Jahrganges.

Woran mag das liegen?

Meist interessieren sich Gemeindeglieder kaum für solche Fragen. Die Problematik wird erst dann sichtbar, wenn ein Pastor gesucht wird und es nur wenige oder gar keine Bewerber für offene Stellen gibt. Wenn diese gar in einem Missionsland sind mit kleinen, jungen Gemeinden, die nur ein bescheidenes Budget haben, wird die Frage aufgrund geringer Bezahlung noch schwieriger.

Manche große Gemeindebünde in deutschsprachigen Raum beobachten mit großer Sorge, dass viel zu wenige junge Leute in einer theologischen Ausbildung stehen und dass sich damit in Zukunft ein großer Pastorenmangel abzeichnet auch in Ländern mit etablierten Gemeinden, die genügend Budget für ordentliche Anstellungen haben.

---

[1] Beim folgenden Artikel handelt es sich um eine für die Veröffentlichung überarbeitete Predigt, die in einer Wiener Gemeinde gehalten worden ist anlässlich ihrer Suche nach einem Nachfolger für ihren pensionierten Pastor.
[2] Chrischona Panorama 1/2014, S. 12.

So beschäftigt sich bspw. die FEG Schweiz intensiv mit diesen Fragen, es wurde deswegen ein theologisches Grundsatzpapier erarbeitet.[3] Im März 2013 hat die Predigerschaft dazu eine Podiumsdiskussion durchgeführt an der ich selber teilgenommen habe, und es sind entsprechende Werbekampagnen im Gange.[4]

Die Evangelikale Akademie (EVAK) im Missionsland Österreich wird nicht überschwemmt mit jungen Leuten, die studieren wollen. Wir fragen deshalb intensiv nach jungen Leuten in unseren Gemeinden, die bereit sind, sich von Gott in einen vollzeitigen Dienst in einer österreichischen Gemeinde rufen zu lassen.

Warum wollen so wenige Theologie studieren? Warum sind nur so wenige bereit, sich auf das Abenteuer eines Dienstes in einer unserer Gemeinden im Land einzulassen?

Sicher mangelt es in unserem Land auch an Geld. Pastoren können in der Regel, wenn überhaupt, nur mit großer Mühe einigermaßen anständig finanziert werden.

Aber einmal abgesehen von der finanziellen Seite: Warum sind überall in Europa, auch in der reichen Schweiz oder in Deutschland, so wenige interessiert an einer Pastorenstelle in einer Gemeinde? Was ist passiert mit dem Berufsbild „Pastor"? Warum ist es nicht mehr attraktiv, Gemeindeleiter zu werden?

Natürlich ist zu bedenken, dass man nicht Pastor wird, weil der Beruf verlockend ist, dahinter muss eine Berufung stehen. Bei einer Berufung spielt aber auch das Berufsbild eine Rolle.

Sicher gibt es viele verschiedene Ursachen, warum der Beruf Pastor nicht mehr so attraktiv ist (das war vor 35 Jahren noch anders, als ich berufen wurde), aber eines scheint mir im Blick auf das Berufsbild „Pastor" besonders wichtig zu sein:

„Wie gehen wir mit Leitern um?"

Schon in dieser Fragestellung wird angedeutet, dass wir mit Leitern nicht richtig umgehen und dass wir deshalb viele motivierte Leute verlieren, oder gar nie gewinnen. Es stellt sich deshalb die Frage: Sind die Gemeinden mitschuldig an einem zukünftigen Leiter- oder an einem zukünftigen Pastorenmangel?

Wenn ja: Was machen wir falsch?

---

[3] FEG Schweiz, *Pastor sein*, 2011.
[4] S. Zeitschrift „feg.ch", April 2014, S. 12-13.

Thesenartig eine ganz einfach Antwort: Wir kritisieren zu viel, wir kritisieren falsch und vor allem, wir sind zu wenig dankbar und keine Ermutiger.

Warum ist das so und was können wir dagegen tun?

Ich möchte das Thema: „Wie gehen wir mit Leitern um?" in drei Gedanken entfalten:

1. Unsere Gesellschaft
2. Kritiksucht in unseren Gemeinden
3. Eine Ermutigungskultur schaffen

## 1. Unsere Gesellschaft

Wir leben in einer hyperkritischen Gesellschaft, die die Tendenz hat, alles nieder zu reißen, immer *vor* dem Guten das Negative zu sehen, manchmal überhaupt nur das Schlechte.

Das prägt alle unsere Beziehungen, es prägt unsere Ehen, unsere Familien, unsere Schulen, unsere Arbeitsplätze, unsere Nachbarschaftsverhältnisse und unser Freundschaften.

Natürlich betrifft dies nie alle gleich! Es gibt auch in unserer Gesellschaft positiv eingestellte Menschen, die als Ermutiger leben.

Aber es sind nur wenige – die meisten denken und handeln tief geprägt durch Pessimismus und Kritiksucht, oder auch Gleichgültigkeit. Es steckt tief in uns drinnen, denn wir haben von klein auf gelernt, alles zu kritisieren.

Die Wiener gelten als Grantler,[5] und sie geben das auch offen zu. 2010 hat sich einer der bekanntesten und beliebtesten Wiener Schauspieler, Otto Schenk, zu seinem 80. Geburtstag öffentlich als Grantler deklariert – nicht nur als einer, der brillant immer wieder den Grantler gespielt hat, sondern als einer, der auch privat ein großer Grantler ist.

In einem Interview mit der NÖN (Niederösterreichische Nachrichten) antwortete Schenk auf die Frage: „Sie zeigen sich oft als Grantler. Ist das echt?" „Ja, ich bin wirklich grantig. Nicht immer. Es gibt Glücksmomente im Leben. Aber ich finde, man hat genug Grund, grantig zu sein. Immer wieder. Das fängt doch schon in der Früh an, wenn man den zweiten Socken nicht findet.

---

[5] Wikipedia, http://de.wikipedia.org/wiki/Grantler (19. März 2014): „Grantler, von süddeutsch-österreichisch grantig, ist ein umgangssprachlicher Ausdruck für einen Menschen mit mürrischer Grundstimmung vor allem in den bairischen Dialekten, der auch im weiteren deutschen Sprachraum zunehmend Verbreitung fand."

Die großen Schwierigkeiten, mit denen muss man ja leben, aber wie kommt man dazu, ständig mit den kleinen Schwierigkeiten auszukommen?"[6]

Natürlich kokettiert hier Schenk mit dem Grantlerthema, aber dahinter steht ein wirklich echtes Problem in unserer Kultur, das große Auswirkungen auf unser Leben, unsere Beziehungen, auf unsere Gemeinden und auf unseren Dienst in der Gemeinde hat.

Wie tief uns unsere pessimistische, kritiksüchtige Kultur prägt, kann erfahren werden, wenn man einige Zeit in einer anderen, positiver geprägten Kultur lebt.

Bei einem dreimonatigen Aufenthalt 2004 in den USA ist mir diese Thematik, ihre Bedeutung für die Gesellschaft und auch die Gemeinden erstmals richtig bewusst geworden. Seither habe ich in vielen Vorträgen darüber gesprochen und immer wieder die Bestätigung der Zuhörer bekommen, dass wir es mit einem sehr ernsten Problem in unserer Kultur zu tun haben, das auch unsere Gemeinden massiv betrifft und bedroht.

Unsere pessimistisch geprägte, hyperkritische Kultur wird deutlich sichtbar in vielen Bereichen.

Einige Beispiele mögen genügen:

Die politischen Auseinandersetzungen sind geprägt von massiver, oft überhöhter Kritik und destruktiver Diskussionskultur. Alles, was der politische Gegner auch vorschlagen mag – es gilt meist als negativ und falsch.

In vielen Arbeitsverhältnissen steht das Negative im Vordergrund. Es kommt nicht oft vor, dass der Chef die Mitarbeiter lobt. Meist reagiert er nur auf Fehler und kritisiert seine Untergebenen. Inzwischen reagiert die Wirtschaft auf diese Missstände bewusst mit „Wertschätzungsseminaren", auch auf dem Buchmarkt finden sich eine ganze Palette Bücher zum Thema Wertschätzung.[7]

In den Schulen suchen die Lehrer die Fehler der Schüler. Leider gehört das Fördern der Stärken eines Schülers nicht zu den hauptsächlich angewendeten pädagogischen Prinzipien in unseren Schulen.

Ehepartner neigen mit der Zeit dazu, mehr und mehr ins Nörgeln zu geraten. Sie gehen sich auf die Nerven und, statt dass sie diesen negativen Kreislauf durchbrechen und aufbauen, reißen sie nieder. Da fallen dann schnell kontraproduktive Worte wie „nie" und „immer" und schon wird damit deutlich, dass das Gute aneinander nicht mehr richtig gesehen wird.

---

[6] Niederösterreichische Nachrichten, 12.6.2010.
[7] Man muss nur bei Amazon den Begriff „Wertschätzung" eingeben und schon findet man eine ganze Palette von Büchern zu diesem Thema.

Das gilt auch in den Familien in der Beziehung zu den Kindern. Auch hier kann sehr leicht das Negative im Vordergrund stehen. Und dann passiert es, dass ein hyperkritischer Mensch in die Seelsorge kommt, der alles negativ bewertet und hart kritisiert und der dann im Verlauf der Seelsorge einmal eingesteht, dass er sich nicht erinnern kann, dass sein Vater ihn einmal gelobt hätte. Nichts konnte er seinem Vater recht machen.

Noch viele Beispiele könnten aufgezählt werden. Das ist wohl aber nicht nötig, ich denke wir alle leben in dieser Kultur und erkennen, ihre pessimistische, hyperkritische Tendenz.

Und das hat nun auch Auswirkungen in unseren Gemeinden:

## 2. Kritiksucht in unseren Gemeinden

Ich behaupte, dass auch unsere Gemeinden mehrheitlich zutiefst geprägt sind durch Kritiksucht. Es wird sehr oft negativ geredet. In vielen Fällen sieht man zuerst nur das Schlechte, das, was nicht gut läuft.

Es wäre interessant an Mittagstischen in den Familien am Sonntag die Gespräche zu belauschen. Wenn überhaupt über den Gottesdienst geredet wird, was würde da zu hören sein?

„Die Predigt war viel zu lang und zu unpraktisch." „Der Moderator hat gepredigt, statt geleitet – so hatten wir heute zwei Predigten!" „Die Musik war grauenhaft, Sabine hat wieder so viele Fehler gemacht und dann war sie auch noch zu schnell!" usw.

An welchem Tisch könnte man wohl hören: „Ich bin durch die Gemeinschaft so gesegnet worden!" „Auch wenn es nicht perfekt war, unser Gesang hat Gott verherrlicht und mich aufgebaut!" „Die Predigt war lang, aber dieser eine Gedanke lässt mich nicht mehr los, der war so wichtig und gut für mich!"

Es stellt sich schnell die Frage: Sehen wir das Gute eigentlich noch? Warum kommt fast immer zuerst das, was mangelhaft ist in unsere Gedanken? Das Mangelhafte gibt es ja, das soll niemand leugnen, aber warum ist es meist zuerst da?

Überzogene, unsachliche Kritik, Kritiksucht, negatives Denken und Reden untergräbt und verweigert Wertschätzung. Entmutigung ist die Folge.

Auf Dauer hat dies verheerende Konsequenzen: Es wird früher oder später jedes Engagement und jede Mitarbeit zerstört.

So wird auch das Berufsbild „Pastor" zerstört, es ist nicht attraktiv, in einer Gemeindeleitung mitzuarbeiten.

In Gemeindeleitungen, im Beruf des Pastors setzt man sich enorm ein, arbeitet hart, ist mit ganz vielen schwierigen Fragen konfrontiert – das ist immer so, wenn man mit Menschen arbeitet – und was ist der Dank? Unzufriedenheit, Nörgelei, Kritik, Hinten-Herum-Reden.

Wir sind in unseren Gemeinden in der großen Gefahr, vorwiegend zu kritisieren und zusätzlich sind wir unfähig, Wertschätzung weiterzugeben und Geschwister für ihren Dienst zu loben.

Wenn wir unfähig sind zu loben, tun wir das dann ganz schnell ab, manchmal auch mit scheinbar theologischen Gründen: Wir sollen Gott loben und nicht Menschen, Menschen, die wir loben, könnten wir ja zur Sünde des Hochmuts verleiten.

Ja, das mag sein – wir leben in all dem in Spannungen – aber wir sind doch in unserer Kultur ganz auf der anderen Seite des Niederreißens und nicht des Lobes, der Ermutigung.

Inzwischen können wir beobachten, dass viele säkularisierte Menschen trotz der Kultur, in der wir leben, besser Wertschätzung vermitteln können und besser loben können, als wir Christen dazu in der Lage sind.

Das ist sehr traurig, ja mehr – es ist destruktiv und zerstörerisch. Eigentlich ist es unbiblisch, ja Sünde. Denn wenn wir Menschen nicht loben können, wie können wir dann Gott loben, der oft durch Menschen wirkt?

Wir haben solche Mühe, Wertschätzung und Lob zum Ausdruck zu bringen, dass wir damit einander auch keinen Mut machen. Und Mut machen, Ermutigung, wäre doch so dringend nötig.

Wir arbeiten in unseren Gemeinden nur mit Freiwilligen. Unsere Arbeit, unser Dienst ist Kampf, das wissen wir alle.

Wer braucht mehr Ermutigung als der, der freiwillig eine schwere und herausfordernde Arbeit tut?

Wertschätzung und Ermutigung sind deshalb Schlüssel in allen Bereichen der Arbeit im Reich Gottes. Und dabei geht es um mehr als nur um die Motivation und das Wohlbefinden von Mitarbeitern und Leitern, es geht um mehr als das Berufsbild des Pastors. Letztlich geht es auch um das Gewinnen von Menschen für Jesus und um das Wachstum unserer Gemeinden.

Wenn wir nachhaltiges Gemeindewachstum wollen, dann müssen wir eine Kultur der Ermutigung und der Wertschätzung aufbauen und schaffen.

Alle Methoden und Strategien des Gemeindebaus und Gemeindewachstums werden auf Dauer erfolglos sein, wenn es uns nicht gelingt, eine Kultur der Ermutigung und der Wertschätzung aufzubauen.

Dazu müssen wir zuerst einmal klar erkennen, wie tief in uns drinnen das Kritisieren und das negative Denken wirklich sitzen.

Als Zweites müssen wir Ermutigung und Wertschätzung so lernen, dass dies zu unserem Lebensstil wird. Wir müssen lernen und üben, auch wenn es sich als hart erweist. Es lohnt sich und es hat biblische Gründe, wie wir sehen werden.

Es ist aber nicht nur ein Problem, dass uns Wertschätzung zu geben, zu loben und zu ermutigen schwerfällt, es ist in unserer Kultur auch schwer, Wertschätzung und Lob anzunehmen.

So ist es vielen regelrecht peinlich und unangenehm, wenn sie gelobt werden. Sie wissen dann gar nicht, wie sie sich verhalten sollen.

Mangelnde Wertschätzung, mangelndes Lob, mangelnde Ermutigung sind ein riesiges Problem in unseren Gemeinden.

Was sagt die Bibel dazu?

## 3. Eine Ermutigungskultur schaffen

Ich bin überzeugt, dass Wertschätzung und Ermutigung ganz große und wichtige Themen sind in der Hl. Schrift, auch dass die Bibel uns mehrfach ernsthaft vor Kritiksucht und bösem Hinten-Herum-Reden warnt.

Dabei geht es wohlverstanden nicht um sachliche, konstruktive Kritik und die notwendige Korrektur von Menschen und Gemeinden, wenn sie falsch denken, handeln und leben. So hat bspw. Paulus mehrfach ernsthaft vor falschem Denken und Fehlverhalten gewarnt und Gemeinden oder einzelne Personen korrigieren müssen.

Es geht in unserem Zusammenhang um die Kritiksucht, das gedankenlose Reden und Niederreißen, um mangelnde Wertschätzung und Dankbarkeit.

Dagegen wehrt sich Paulus offensichtlich, bspw. im 2. Korintherbrief, weil er ungerecht, hinterhältig und böse kritisiert worden ist.[8]

Jakobus warnt ganz klar vor der kritisierenden Zunge, wenn er schreibt: „... doch die Zunge kann kein Mensch bändigen. Sie ist ein ständiger Unruheherd, eine Unheilstifterin, erfüllt von tödlichem Gift. Mit ihr preisen wir den, der ´unser` Herr und Vater ist, und mit ihr verfluchen wir Menschen, die als Ebenbild Gottes geschaffen sind. Aus ein und demselben Mund kommen Segen und Fluch. Das, meine Geschwister, darf nicht sein!" (Jak 3,8-11 NGÜ)

Scheinbar war das Problem der Kritiksucht auch in der damaligen Kultur schon aktuell. Sie gehört wohl zum Wesen des gefallenen Menschen.

---

[8] S. insbesondere Kap. 10-13; vgl. 1,3-7.

Aber wir sind gerettet, wir sind innerlich erneuert durch das, was Jesus für uns am Kreuz von Golgatha getan hat, und darum muss es bei uns anders sein!

Paulus schreibt im Philipperbrief, was uns prägen soll, Phil 4,8-9 (ELB): „Übrigens, Brüder, alles, was wahr, alles, was ehrbar, alles, was gerecht, alles, was rein, alles, was liebenswert, alles, was wohllautend ist, wenn es irgendeine Tugend und wenn es irgendein Lob gibt, das erwägt! Was ihr auch gelernt und empfangen und gehört und an mir gesehen habt, das tut! Und der Gott des Friedens wird mit euch sein."

Zunächst einmal fordert uns Paulus auf, nachzudenken. Er sagt: Erwägt! Dieses Wort bedeutet „nachdenken", „bedenken", „überlegen".

Es gibt Dinge in einer Gemeinde, die wir überlegen müssen. Sorgfältig bedenken, über die wir ernsthaft nachdenken müssen. Es ist nicht so einfach. Es geht nicht so schnell. Es muss bedacht werden. Intensiv, gründlich.

Nur dann, wenn der Mensch etwas gründlich bedenkt, überdenkt, nur dann, wenn er sich mit etwas in seinen Gedanken immer wieder beschäftigt, nur dann gibt es eine Chance zur Veränderung. So wie der Mensch denkt, so wie er in seinem Denken geprägt ist, so wird er handeln, so wird er sein.

Was uns innerlich überzeugt, das wird uns verändern.

Paulus fordert also, dass wir uns intensiv beschäftigen mit: … allem, was wahr, allem, was ehrbar, allem, was gerecht, allem, was rein, allem, was liebenswert, allem, was wohllautend ist. Wenn es irgendeine Tugend und wenn es irgendein Lob gibt, gilt es dies zu bedenken.

Paulus möchte, dass das Gute, das Positive in unserem Blickfeld ist. Nicht das Negative, nicht das, was schlecht ist, was schlecht läuft. Das Gute soll uns in unseren Gemeinden prägen.

Wir müssen das Gute sehen. Paulus erwähnt einige wichtige Dinge:

## Was wahr ist:

Das ist eigentlich die Grundlage dessen, was wir bedenken, immer wieder durchdenken müssen: Unser Gott ist ein Gott der Wahrheit und so gilt es, zuerst die Wahrheit zu suchen, sie zu bedenken.

Es geht aber nicht einfach nur um die großen Wahrheiten, es geht in unserem Kontext vor allem um das „Wahr-sein" in unserem Alltag. Und da konzentrieren wir uns oft gerade nicht auf das, was wahr ist.

Viel lieber spekulieren wir, oder stellen Mutmaßungen an. Das betrifft unsere Beziehungen. Wenn wir spekulieren, mutmaßen und vielleicht sogar verdächtigen, wenn wir also den Boden dessen, was wir wissen, dass es wahr ist, verlassen, dann werden wir Verleumder und zerstören Gemeinschaft. Wir denken dann Dinge wie: „So ist der immer". „Das hat er bestimmt mit böser Absicht getan". „Der wollte mich bestimmt hintergehen" usw. Sobald wir den sicheren Boden der Wahrheit verlassen, werden wir destruktiv, zu einer Gefahr, versündigen wir uns, indem wir eigentlich falsches Zeugnis reden über unseren Nächsten. Wir rutschen von der Wahrheit in die Lüge.

Darum fordert uns Paulus auf: Bedenkt, was wahr ist! Grundlage des Guten, von Wertschätzung und Ermutigung ist die Wahrheit, das Wahre.

## Was ehrbar ist:

Man könnte auch übersetzen: Ehrwürdig, edel, ernst, heilig, Ehrfurcht gebietend. Was bedeutet das für uns?

Wir sollen uns nicht mit Schund beschäftigen, nicht mit dem Schmutzigen und Schmuddeligen, vor allem nicht in unseren Gemeinden. Wir sollen das, was edel, ehrwürdig ist suchen. Wir suchen nicht den Tratsch übereinander, sondern das Gespräch miteinander. Wir suchen nicht den Schmutz, sondern das Ehrwürdige, das Edle, das Heilige – das, was für Gott abgesondert ist. Das muss uns prägen.

## Was gerecht ist:

Wenn wir mit Kritik über jemanden herfallen, so dass wir nichts Gutes mehr an ihm finden, nur noch das Negative sehen, dann ist das nicht gerecht. Wenn wir das suchen würden, was gerecht ist, dann wären wir objektiver und könnten auch das Gute sehen.

Wenn wir in unseren Beziehungen das suchen, was gerecht ist, dann werden wir ehrlich wertschätzen können und damit werden wir Ermutiger.

## Was rein ist:

Das steht in krassem Gegensatz zu dem, was die Welt sucht, insbesondere die moderne Medienwelt. Sie sucht das Perverse, die Ausschweifung. Wir dagegen sind herausgefordert, das Reine zu bedenken. Es soll mehr und mehr unser Leben prägen.

## Was liebenswert ist:

Paulus braucht hier bewusst den Begriff der freundschaftlichen Liebe, zu der der Mensch fähig ist. Hier wird nicht von der Liebe gesprochen, die nur Gott schenken kann. Hier werden wir herausgefordert mit dem, was wir können.

Wir sollen diese freundschaftliche Liebe und das, was damit zusammenhängt bedenken und suchen. Wir können Freundschaften aufbauen und pflegen. Und gerade in einer Gemeinde braucht es Freundschaft. Es stellt sich die Frage: Suche ich das Freundschaftliche, das Wohlgefällige, das Gute? Zur Freundschaft gehört Wertschätzung. Paulus sagt hier: Sucht die freundschaftliche Liebe. D.h. ganz konkret: Sucht Wertschätzung, übt Wertschätzung an Euren Geschwistern.

## Was wohllautend ist:

Paulus braucht hier einen Begriff, der wörtlich „glückverheißend" bedeutet. Das ist sehr interessant: Wir sollen das suchen, was glücklich macht, was anziehend, ansprechend ist.

Das ist doch ein ganz großes Geheimnis in Beziehungen: Die Beziehungen blühen, in denen man füreinander das Glückverheißende, das Anziehende, Ansprechende sucht. Manchmal sind wir Christen hier ganz falsch eingestellt und denken, wir dürften kein Glück suchen. Paulus sagt hier aber etwas anderes. Sucht das, was euch in der Gemeinde und in euren Ehen und Familien glücklich macht. Mit Sicherheit geht es da nicht nur um das Äußere, bspw. um einen noch tolleren Urlaub. Es geht um das Innere. Bedenkt das, was eure Beziehungen glücklich macht. Sagt etwas Gutes. Denkt etwas Gutes. Sagt etwas, was den anderen glücklich macht, was ihn ermutigt und aufbaut. Das wird auch euch glücklich machen. Sucht das, was Euch glücklich macht. Suchen bedeutet Anstrengung. Strengt Euch an, durch das Gute die Anderen glücklich zu machen.

## Was irgendeine Tugend ist:

Der Begriff, den Paulus hier verwendet, könnte auch mit „moralische Exzellenz" übersetzt werden. In unserer einnivellierten und oft perversen Gesellschaft sucht kaum jemand noch nach moralischer Exzellenz. Tugenden sind out. Die Untugend ist zum Normalfall geworden. Freundlichkeit, Höflichkeit, Ehrlichkeit, Aufrichtigkeit, Enthaltsamkeit – das sind alles Werte, die kaum mehr zählen. Moralische Exzellenz ist nicht gefragt.

Das darf aber nicht auch so sein für uns Christen und nicht für die Gemeinde. Wir dürfen nicht mit dem Mittelmaß zufrieden sein – nein – wir müssen die moralische Exzellenz suchen. Wir müssen diese bedenken. Sie soll uns prägen. Sie soll unsere Gemeinden kennzeichnen. Unsere Gemeinden sollten Orte des Anstands, der Ehrlichkeit, der richtigen Zurückhaltung, der Freundlichkeit, der Enthaltsamkeit und der Reinheit sein. Es sollen nicht Orte der Kritiksucht und des Niederreißens sein.

## Was irgendein Lob ist:

Hier geht es wohl nicht nur um eine vertikale, sondern vor allem um eine horizontale Ausrichtung: Können wir einander loben? Können wir Wertschätzung zum Ausdruck bringen? Anerkennung?

Fast nicht. Kritik schon – Wertschätzung kaum. Hier müssen wir dringend lernen, gerade in unserer negativen Kritikgesellschaft, in unseren Gemeinden, wie wir schon angedeutet haben.

Wie viel leichter wäre der Dienst in einer Gemeinde, wenn ihm Wertschätzung entgegen gebracht würde.

Wir sind aber fast nicht in der Lage, einander zu loben, Wertschätzung zum Ausdruck zu bringen. Wir denken vielleicht manchmal: Das war gut – es war super, es war ermutigend, es war schön. Aber sagen wir das auch unseren Ehegatten, unseren Kindern, unseren Arbeitskollegen – Vorgesetzten und Untergebenen – sagen wir es dem Gemeindeältesten, dem Pastor, dem Missionar, der seine Heimat verlassen hat und vielleicht besonders viele Opfer gebracht hat, sagen wir es dem Bruder, der Schwester, der Sonntagschullehrerin, dem Hauskreisleiter?

Sagen wir es nicht? Das ist falsch, schade, traurig, entmutigend – und, wie wir hier sehen, unbiblisch.

Natürlich könnten wir sagen: Menschenruhm ist falsch – wir sollten Gottes Ruhm suchen. Menschenruhm macht stolz und Stolz ist gefährlich. Und trotz der Gefahr des Stolzes: Menschen brauchen Ermutigung. So hat Gott sie geschaffen. Unser Gott ist ein Gott der Ermutigung.[9]

In meiner Sabbatzeit in einer großen Gemeinde in Texas durfte ich, wie schon erwähnt, ein richtig ermutigendes Klima erleben. Ich möchte dazu zwei Beispiele geben:

Ich saß in einer Pastorensitzung, jene Gemeinde hatte damals 13 Pastoren. Der Jugendpastor hatte Geburtstag. Der Seniorpastor sagte: „Paul hat Geburtstag, alle die, die den Dienst von Paul würdigen wollen, dürfen das jetzt tun." Ohne zu zögern haben die Mitpastoren Pauls Dienst in ehrlichen und berührenden Worten gewürdigt. Paul standen Tränen in den Augen. Es wurde ein Mensch gelobt – aber eigentlich war es ein Lob Gottes. Man kann sich leicht vorstellen, was für ein Klima in diesen Pastorensitzungen vorherrschend war. Ein Zweites: Eine Frau aus der Gemeinde schrieb dem Senior Pastor eine E-Mail, weil ihre Tochter nach Salzburg zog zum Studium und dort eine gute Gemeinde suchte. Da wir in der Zeit gerade in der Gemeinde waren, leitete er

---

[9] Vgl. 2Kor 1,3-4.

das E-Mail einfach als Ganzes an mich weiter mit der Bitte, der Frau zu antworten. Die Frau stellte die erwähnte Frage. Und dann folgte ein ganzer Absatz, mindestens doppelt so lang wie die Anfrage, in dem die Frau ihre Wertschätzung gegenüber der Gemeinde, dem Dienst der Leitung und insbesondere dem Dienst des angeschriebenen Senior Pastors zum Ausdruck brachte. Das hat mich sehr bewegt. Ich dachte: Wer solche Mails bekommen darf, der wird für seinen Dienst enorm ermutigt.

Eigentlich ist gerade das unsere Aufgabe in den Gemeinden: Ermutigung.

Paulus schreibt: Was irgendein Lob ist – das bedenkt! Das sollten wir uns wirklich ernsthaft überlegen und aneignen.

Gemeinden sind herausgefordert, das Gute im Blick zu haben, eine Ermutigungskultur zu schaffen so, dass alle, die mitarbeiten und besonders die, die viel tragen müssen, immer wieder Wertschätzung erfahren, dass sie unterstützt, motiviert und getragen werden.

Paulus macht klar, was es für Folgen hat, wenn wir das Gute bedenken und wenn wir einander wertschätzen und ermutigen. Er schreibt: „Was ihr auch gelernt und empfangen und gehört und an mir gesehen habt, das tut! Und der Gott des Friedens wird mit euch sein." (V. 9)

Der Gott des Friedens wird mit Euch sein – was für eine Verheißung, wenn wir wirklich gewillt sind, eine Ermutigungskultur zu schaffen in unseren Gemeinden.

Eine Ermutigungskultur verändert auch das Berufsbild des Pastors und aller Mitarbeiter in einer Gemeinde. In einer Ermutigungskultur wird kein Mitarbeitermangel herrschen.

Der Verfasser des Hebräerbriefes schreibt seinen Lesern in Bezug auf die Gemeindeleiter: „Verhaltet euch so, dass ihre Aufgabe ihnen Freude bereitet und dass sie keinen Grund zum Seufzen haben, denn das wäre nicht zu eurem Vorteil." (Hebr 13,17b NGÜ)

# Aufgabe und Ziel der Predigt

*Kai Soltau,*
*Dozent an der EVAK, Fachbereichsleiter für „Biblische Studien"*

John Stott macht in seinem Klassiker, *Between Two Worlds: The Challenge of Preaching Today* (zu Deutsch: „Zwischen zwei Welten – Die Herausforderung des Predigens heute") die folgende interessante Aussage übers Predigen:

> „Das eigentliche Geheimnis [der Auslegungspredigt] ist nicht, dass man bestimmte Techniken meistert, sondern, dass man von bestimmten Überzeugungen gemeistert wird. … Techniken können uns nur zu guten Rednern machen; wenn wir jedoch gute Prediger werden wollen, dann ist es Theologie, die wir brauchen. Wenn unsere Theologie stimmt, dann haben wir alle wichtigen Einblicke, die wir brauchen, um zu wissen, was wir zu tun haben, und all die Anregungen, die wir brauchen, um das dann auch treu auszuführen".[1]

Stott macht mit dieser Aussage deutlich, dass jemand nicht ein besserer Prediger wird, indem er bestimmte Praktiken und Techniken erlernt, sondern dadurch, dass er von ganz bestimmten, fundamentalen Überzeugungen über die Aufgabe und das Ziel jeder Predigt gepackt wird. Wenn jemand erst einmal davon überzeugt ist, dass es beim Predigen um nichts Geringeres geht, als das heilige Wort des lebendigen Gottes zu verkündigen, der auch heute noch durch sein Wort zum Menschen sprechen will, dann wird sich vieles von dem, wie er das Predigen angeht, von selbst ergeben.

Es gibt wohl keinen anderen biblischen Text, der so deutlich die Aufgabe und das Ziel der Verkündigung von Gottes Wort erläutert, wie 2Tim 3,14-4,2. Dieser Abschnitt enthält einen der zentralen Verse über die Lehre der Inspiration der Schrift (3,16-17). Aber darüber hinaus erläutert er auch für jeden Prediger, wie sich diese Überzeugung über den Ursprung der Schrift auf die Predigt auswirkt. Um es mit Stotts Worten zu sagen, ist der Abschnitt ein Text, der dafür sorgt, dass der Prediger „von bestimmten Überzeugen gemeistert" wird, von Einblicken, die ihm dann auch zeigen, was er in der Vorbereitung und Ausführung der Predigt „zu tun hat".

> „Du aber bleibe in dem, was du gelernt hast und was dir zur Gewissheit geworden ist, da du weißt, von wem du es gelernt hast, und weil du von Kindheit an die heiligen Schriften kennst, welche die Kraft haben, dich weise zu machen zur Errettung durch den Glauben, der in Christus Jesus ist. Alle Schrift ist von Gott eingegeben und nützlich zur Belehrung, zur Überführung, zur Zurechtweisung, zur Erziehung in der Gerechtigkeit, damit der Mensch Gottes ganz zubereitet sei, zu je-

---

[1] Stott, John, *Between Two Worlds*, Grand Rapids: Eerdmans, 1982, S. 92 (hier und folgend: eigene Übersetzung).

dem guten Werk völlig ausgerüstet. Daher bezeuge ich dir ernstlich vor dem Angesicht Gottes und des Herrn Jesus Christus, der Lebendige und Tote richten wird, um seiner Erscheinung und seines Reiches willen: Verkündige das Wort, tritt dafür ein, es sei gelegen oder ungelegen; überführe, tadle, ermahne mit aller Langmut und Belehrung!". (2Tim 3,14-4,2)

Auf den Punkt gebracht macht dieser Text deutlich, dass das *Wesen* des Wortes Gottes das *Programm* für die Verkündigung des Wortes vorgibt. Weil das Wort heilig und von Gott eingegeben ist, ergibt sich letztendlich ein eindeutiger Auftrag und ein klares Programm für die Verkündigung von Gottes Wort. 2Tim 3,14-4,2 zeigt klar auf, wie die *Ausrüstung des Predigers*, die *Aufgabe der Predigt* und die *Ausführung der Predigt* aussehen und enthält dabei auch an sich eine klare *Aufforderung zum Predigen*.

## 1. Die Ausrüstung des Predigers –
Die von Gott eingegebene, heilige Schrift

In diesem Text macht Paulus zuerst einmal für Timotheus deutlich, was die Ausrüstung des Predigers ist. Wenn ein Prediger an einem Sonntag auf die Kanzel steigt, dann steigt er mit nichts Geringerem als dem heiligen Wort Gottes auf die Kanzel. Dann hält er nichts Geringeres in seiner Hand und verkündigt nichts anderes als das von Gott eingehauchte Wort. Verstehen wir das? Das ist die Ausrüstung eines jeden Predigers. Diese Tatsache muss von jedem Prediger demütig zur Kenntnis genommen werden. Paulus beschreibt hier für Timotheus und jeden Prediger das Wesen des Wortes: es ist „heilig" und „von Gott eingegeben" (V. 15.16); die Kraft dieses Wortes: es ist in der Lage, zu „unterweisen zur Seeligkeit" (V. 15); die Nützlichkeit dieses Wortes: es ist nützlich zur „Lehre, Zurechtweisung, Besserung, zur Erziehung in der Gerechtigkeit" (V. 16); und die Frucht des Wortes: es sorgt dafür, dass der Gläubige „vollkommen sei, zu allen guten Werken geschickt" (V. 17). Angesichts des Wesens, der Kraft, der Nützlichkeit und der Frucht des Wortes hat jeder Prediger wahrhaftig eine gewaltige Ausrüstung, mit der er auf die Kanzel steigen darf.

### 1.1. Das Wesen des Wortes –
Es ist heilig und von Gott eingegeben

Paulus spricht erst einmal das Wesen des Wortes Gottes an. Er beschreibt für den jungen Timotheus das Wort als „heilig" und „von Gott eingegeben" (V. 15-16). Stott hält in seinem eingangs erwähnten Buch fest, dass diese beiden Aussagen drei fundamentale Überzeugungen über die Bibel beinhalten. Da Stott so passende Implikationen für die Predigt von diesen drei Überzeugungen ableitet, soll er hier kurz ausführlicher zitiert werden. Er erklärt, dass hier zuerst einmal ganz deutlich zum Ausdruck gebracht wird, dass (1) die Heilige

Schrift das aufgeschriebene Wort Gottes ist. Die Bibel ist nichts Geringeres als „Gottes Wort geschrieben, Gottes Wort durch Menschenworte, gesprochen durch Menschenmünder und geschrieben mit Menschenhänden".[2] Dabei ist das Erstaunliche, dass Gott durch dieses aufgeschriebene Wort auch heute noch zu den Menschen sprechen will und spricht. Dazu erklärt Stott die folgenden Implikationen für die Predigt:

> „Wenn wir uns hier nicht sicher sind, dann wäre es besser, wenn wir unseren Mund halten. Wenn wir jedoch erst einmal davon überzeugt sind, dass Gott gesprochen hat, dann müssen wir sprechen. Ein Zwang liegt auf uns. Nichts und niemand kann uns mehr zum Schweigen bringen".[3]

Weiter auf diesen Gedanken aufbauend fordert Stott dann jeden Prediger dazu auf, an der folgenden Überzeugung festzuhalten: (2) Gott spricht heute noch durch das, was er gesprochen hat. Genau diesen Gedanken drückt auch Paulus im 2Tim 3 aus, wenn er über die heiligen Schriften aussagt, dass sie „die Kraft haben, dich weise zu machen zur Rettung durch den Glauben" (V. 15). Mit anderen Worten, Gott beabsichtigt heute noch durch diese Schriften zu sprechen, die er über die letzten 3500 Jahre zuerst gesprochen und dann unter Inspiration aufschreiben hat lassen. Stott erläutert dazu weiter:

> „Die Heilige Schrift ist weit mehr als eine Sammlung von antiken Dokumenten, in denen Gottes Wort aufbewahrt ist. Sie ist keine Art Museum, in der Gottes Wort ausgestellt wird wie eine Reliquie oder ein Fossil. Ganz im Gegenteil, sie ist das lebendige Wort, das von einem lebendigen Gott an lebendige Menschen gerichtet ist. Eine zeitgenössische Botschaft für die Welt von heute".[4]

Stott fügt diesen beiden Punkten noch einen dritten hinzu, wenn er erklärt, dass das Selbstzeugnis der Bibel die Überzeugung mit sich bringt, dass (3) Gottes Wort kräftig ist.

## 1.2. Die Kraft des Wortes –
Es macht weise zur Errettung

Das ist genau das, was auch Paulus dem jungen Timotheus, wie oben schon erwähnt, erklärt. Die *Schlachter 2000* Übersetzung übersetzt V. 15 wie folgt: welche „die Kraft haben, dich weise zu machen zur Rettung durch den Glauben". Und hier ist der Knackpunkt: Wenn Gott heute noch durch sein aufgeschriebenes Wort spricht, dann handelt er auch heute noch dadurch! Sein Wort tut mehr als nur über sein Handeln zu berichten. Es ist an sich aktiv. Gott erreicht seine Ziele durch sein Wort. Es hat Gelingen in allem, wozu es ausgesandt wird.

---

[2] Stott, *Between Two Worlds*, S. 97.
[3] Ebd. S. 96.
[4] Ebd. S. 100.

Das Wort Gottes hat eine gewaltige Kraft. Jakobus erklärt über diese Kraft in seinem Brief an die Gläubigen in Kleinasien, dass sie nur deshalb geglaubt haben, weil das Wort Gottes in ihre Herzen eingepflanzt wurde (Jak 1,18). Petrus beschreibt die Gläubiggewordenen ganz ähnlich: „ihr seid wiedergeboren [...] aus unvergänglichem [Samen] durch das lebendige und bleibende Wort Gottes" (1Petr 1,23; vgl. Eph 1,13). Die gewaltige Kraft des Wortes Gottes ist also nichts Geringeres als dies: Das Wort schafft neues Leben! Sowohl Bekehrung, dass überhaupt jemand den lebendigen Glauben an Jesus Christus ergreift, als auch die Heiligung, dass jemand Jesus Christus immer ähnlicher wird, geschehen durch das Zusammenwirken von Gottes Wort und Geist. Deshalb betet Jesus auch im Hohepriesterlichen Gebet, „Heilige sie durch die Wahrheit! Dein Wort ist Wahrheit" (Joh 17,17). Das ist also die Kraft dieses heiligen und von Gott eingegebenen Wortes. Das ist die Kraft des Wortes, mit dem der Prediger ausgerüstet ist, Woche für Woche auf die Kanzel zu steigen. Deshalb kann Paulus als Nächstes auch auf die *Nützlichkeit dieses Wortes* zu sprechen kommen.

## 1.3. Die Nützlichkeit des Wortes –
Es dient der Lehre, Zurechtweisung, Besserung und Erziehung

Paulus erklärt jetzt weiter, dass dieses von Gott eingegebene Wort nützlich sei „zur Lehre, zur Überführung, zur Zurechtweisung, zur Unterweisung in der Gerechtigkeit" (V. 16). Das Wort Gottes vermag den Gläubigen dazu zuzurüsten, ein Gott wohlgefälliges und gerechtes Leben zu leben. Wegen seines göttlichen Ursprungs hat dieses Wort nicht nur die Kraft, den Menschen zur Bekehrung zu führen (vgl. V. 15), sondern ihn auch tiefer und tiefer in ein gerechtes Leben hineinzuführen und somit für die Ewigkeit vorzubereiten (vgl. Eph. 5,25-27). Hier ergibt sich eine klare Anwendung für die Ausführung der Predigt. Diese Nützlichkeit des Wortes wirft nämlich die Frage auf, wie jemand dieses Wort anderen verkündigen kann, wenn er nicht zuerst einmal von diesem Wort berührt wurde und das Wort sein Werk der Heiligung und Zurechtweisung in seinem eigenen Leben getan hat. Wie kann jemand wirklich von Gottes Wort erfasst worden sein, wenn es nicht zuerst einmal seine Spuren in seinem eigenen Leben hinterlassen hat? Jeder Prediger sollte sich ernsthaft diesen Fragen stellen. Nicht umsonst sagt Paulus zu dem jungen Timotheus die folgenden Worte, die für jeden Prediger gleich gelten: „Niemand verachte deine Jugend, vielmehr sei ein Vorbild der Gläubigen im Wort, im Wandel, in Liebe, im Glauben, in Keuschheit. [...] Habe acht auf dich selbst und auf die Lehre" (1Tim 4,12.16a).

John Broadus definiert Predigen als „communication of truth through personality", die Kommunikation von Wahrheit durch Persönlichkeit bzw. Charakter.[5]

---

[5] Broadus, John A., *On the Preparation and Delivery of Sermons*, 4th ed, San Francisco:

Am Ende des 19. Jh. war er einer der größten Baptisten-Prediger der Vereinigten Staaten. Er prägte dieses klassische Verständnis, dass Predigen letztendlich bedeutet, die göttlichen Wahrheiten weiterzuverkündigen, die bereits schon im eigenen Leben Belehrung, Überführung, Zurechtweisung und Erziehung in der Gerechtigkeit bewirkt haben. Tatsache ist, wenn das Wort Gottes seine Wirkkraft nicht zuerst einmal im eigenen Leben gezeigt hat, dann hat der Prediger keinen Grund, auf der Kanzel zu stehen und dieses Wort anderen zu vermitteln. Diese Nützlichkeit des Wortes wirft aber auch noch eine weitere Frage auf, die sich jeder Prediger stellen sollte: Steigen wir mit der vollen Erwartung auf die Kanzel, dass das heilige Wort Gottes auch reiche Früchte im Leben unserer Zuhörer bringen wird?

## 1.4. Die Frucht des Wortes –
Es rüstet zu jedem guten Werk völlig aus

Paulus gibt uns in diesem Text nicht nur Einblicke in das Wesen, die Kraft und die Nützlichkeit des Wortes sondern viertens auch in die Frucht, die das Wort Gottes hinterlässt. In V. 17 erklärt Paulus Timotheus, dass dieses Wort dazu von Gott eingegeben wurde, „damit der Mensch Gottes richtig sei, für jedes gute Werk ausgerüstet". Durch die Predigt des Wortes wird der Gläubige zu jedem guten Werk ausgerüstet. Das Wort wird also eindeutig seine Früchte hinterlassen. Genauso wie beim vorherigen Punkt stellt sich hier nochmals die Frage: Erwarten wir das als Prediger? John Stott verweist an dieser Stelle auf Spurgeon als großen Ansporn, der gesagt haben soll: „Bete und predige so, dass, wenn es keine Bekehrungen gibt, du überrascht und gebrochenen Herzens bist!"[6] Steigen wir mit solch einer Erwartung an das Wort Gottes auf die Kanzel? Predigen wir in der Erwartung, dass das gepredigte Wort wirklich seine Spuren im Leben unserer Zuhörer hinterlassen wird? Der Prediger sollte niemals vergessen, dass es ja nicht seine eigenen menschlichen Worte sind, die er in der Predigt verkündigt, sondern die des heiligen und lebendigen Gottes, der durch sein Wort Leben schafft.

Es ist also das Wesen des Wortes Gottes selbst, das die Wirkkraft der Predigt garantiert. Gott hat dieses Versprechen gegeben, als er durch seinen Propheten Jesaja verheißen hat: „So soll das Wort, das aus meinem Munde geht, auch sein: Es wird nicht wieder leer zu mir zurückkommen, sondern wird tun, was

---

Harper, 1979, S. 2 (eigene Übersetzung). Broadus baut mit dieser Definition auf der von Phillips Brooks auf: „Perhaps the classic definition of preaching came from Phillips Brooks, ‚Preaching is the communication of truth by men to men.' ‚Preaching is the bringing of truth through personality.' These two statements have been combined, and preaching has been defined as the communication of truth through personality."

[6] Stott, *Between Two Worlds*, S. 108.

mir gefällt, und ihm wird gelingen, wozu ich es sende" (Jes 55,11). Auch im Neuen Testament verheißt Gott, dass „der Glaube aus der Predigt [kommt], das Predigen aber durch das Wort Christi" (Röm 10,17). Genauso wie Gott einst durch sein Wort zu Israel gesprochen hat, so spricht er auch heute noch durch die Predigt, um Glauben, Bekehrung, Heiligung und gerechtes Leben zu bewirken. Dieses Wort, das in der Predigt verkündigt wird, ist „lebendig und kräftig und schärfer als jedes zweischneidige Schwert und dringt durch, bis es scheidet Seele und Geist, auch Mark und Bein, und ist ein Richter der Gedanken und Sinne des Herzens" (Hebr 4,12). Jeder dieser zitierten Verse macht deutlich, dass Gottes Wort wirksam ist und Früchte bringt. Das Wesen des heiligen Wortes garantiert es. Und so stellt sich nochmals dies Frage: Verkündigen wir dieses heilige Wort gemäß dieser Erwartung und mit diesem Bewusstsein, dass es Früchte bringen wird?

Im ersten Kapitel vom Römerbrief beschreibt Paulus das Evangelium als „Dynamis", Kraft: „denn es ist eine *Kraft* Gottes, die selig macht alle, die daran glauben, die Juden zuerst und ebenso die Griechen" (Röm 1,16). Und eben deshalb schämt Paulus sich des Evangeliums nicht. Es ist die Kraft Gottes! Das Wort selbst garantiert seine Nützlichkeit und Frucht in der Verkündigung. Das Wort Gottes informiert also nicht bloß, es transportiert nicht bloß Wahrheit sondern es *ist* die Wahrheit – wahre „Dynamis", Kraft. In diesem Bewusstsein steigt der Prediger auf die Kanzel: Gott muss und wird durch sein Wort handeln. Genau das ist es ja, was Gott in seinem Wort versprochen hat: Er wird durch sein heiliges Wort handeln! Wollen wir Gottes gewaltige Hand am Wirken sehen? Gottes Kraft und sein Wirken werden heutzutage in der Verkündigung seines Wortes sichtbar.

Dies ist also die *Ausrüstung des Predigers*, über die Paulus Timotheus hier belehrt. Das Wesen, die Kraft, die Nützlichkeit und die Frucht des Wortes, mit dem Timotheus auf die Kanzel steigen soll, bedeuten, dass dieses heilige Wort Leben schafft und verändert. So wie auch Timotheus soll jeder Prediger ernsthaft mit diesem Wort an seine Zuhörer appellieren im Vertrauen darauf, dass in der Wortverkündigung Gott selbst am Handeln sein wird. Deshalb verzichtet der Prediger darauf, in der Predigt auf seine eigenen Redefähigkeiten zu bauen (vgl. 1Kor 2,1-5). Er tritt nicht als großer Redner, Orator oder Rhetoriker auf, sondern in der Gewissheit, dass letztendlich die Wirkkraft seiner Predigt in dem von Gott eingegebenen Wort selbst liegt. Das soll natürlich nicht heißen, dass der Prediger nicht versuchen sollte, seine eigenen rhetorischen Fähigkeiten immer weiter zu schärfen und zu verbessern. Aber wie John Stott in dem eingangs erwähnten Zitat so schön zum Ausdruck bringt: „Das Ausschlaggebende ist, dass wir von dieser Lehre, von dieser Theologie gepackt werden. Und das wird uns sehr viel weiterbringen, als irgendwelche Techniken." Gott hat den Prediger mit seinem heiligen, gewaltigen, nützlichen und

Frucht bringenden Wort für die Predigt ausgerüstet. Von dieser Realität sollte jeder Prediger erfasst werden.

## 2. Die Aufgabe der Predigt – Predige das Wort!

Aber was Paulus Timotheus über die *Ausrüstung des Predigers* vermittelt, hat nicht nur klare Auswirkung auf die Erwartungen, mit denen der Prediger auf die Kanzel steigen soll, sondern auch auf sein Verständnis von dem, was die *Aufgabe jeder Predigt* sein muss. Das eben beschriebene Wesen des Wortes Gottes lässt letztendlich keine andere Option offen, als dass es Aufgabe jeder Predigt sein muss, dieses heilige Wort – so wie es von Gott gesprochen wurde – zu verkünden. Die logische Schlussfolgerung, die sich aus der oben geschilderten *Ausrüstung des Predigers* ergibt, ist, dass das Wort Gottes dem Prediger die *auslegende* Predigt zur Aufgabe macht. Da die Kraft der Veränderung in dem gesprochenen und aufgeschriebenen Wort Gottes liegt, kann die Berufung jedes Predigers nur darin liegen, diese Wahrheit in der gegebenen Form für seine Zuhörer auszulegen. Der Prediger verkündigt seinen Zuhörern, was Gott mit dem Predigttext beabsichtigen will. Der Prediger ringt mit der Frage, was dieser Text heute (noch) sagen will. Er nimmt sich vor, für sein Publikum die Frage zu beantworten: Warum hat Gott dieses Wort gesprochen und niedergeschrieben?

### 2.1. Nicht eigenes, sondern Gottes Wort

Es ist nicht die Aufgabe des Predigers, sich z.B. irgendwelche Gedanken darüber zu machen, wie er sich Gott vorstellt, oder was er meint, welches der Wille Gottes für seine Zuhörer sei. Denn dann dient das Wort Gottes nur noch dem Zweck, die Vorstellungen und Gedanken des Predigers irgendwie zu stützen. Es ist auch nicht die Aufgabe des Predigers, seine eigenen Gedanken und Fragestellungen in den Text hineinzulesen. Der Prediger hat die Aufgabe, das von Gott gegebene Wort für seine Zuhörer auszulegen. In seiner Predigtvorbereitung ist ihm dabei bewusst, dass der vor ihm liegende Text erklärt, angewandt und lebendig gemacht werden muss.

Paulus bringt für Timotheus diese Aufgabe der Predigt wie folgt auf den Punkt: „Predige das Wort!" (4,2) Und so lautet auch die Aufgabe für jeden anderen Prediger: „Predige das Wort!" Der Prediger hat die Aufgabe, verbindliche Wahrheiten an seine Zuhörer weiterzugeben. Er präsentiert der Gemeinde nicht bloß seine persönlichen Meinungen. Er kommt auch nicht zu ihnen mit bloßen Glaubenszeugnissen und Erfahrungen in der Hoffnung, dass auch sie dieselben Erfahrungen machen. Wenn der Prediger auf die Kanzel steigt, dann kommt er mit der Überzeugung, dass sein Predigttext verbindliche Wahrheiten von Gott enthält, die den Zuhörern gelten. Was der Prediger verkündigt, sind keine Glaubenserfahrungen, Meinungen oder Erfahrungen, die

die Zuhörer nehmen oder stehen lassen können. Es sind verbindliche und wahrhaftige Worte Gottes, denen es gilt, sich persönlich zu stellen.

## 2.2. Sprachrohr Gottes

Hierin erweist sich Paulus' Vorstellung von der christlichen Predigt als etwas sehr Gewichtiges. Da stellt sich für jeden Prediger die Frage: Habe ich tatsächlich solch eine hohe Sicht von der Predigt? Es geht in der Predigt nicht darum, auf die Kanzel zu steigen und von den Geschwistern zu fordern, dass sie sich zusammenreißen und gefälligst bessere Christen werden sollen. Es geht auch nicht darum, die Geschwister irgendwie zu manipulieren, auf dass sie eine bestimmte Entscheidung für ihr Leben mit Gott treffen. Statt dessen geht es darum, Gottes verbindliche Wahrheit an die Zuhörer weiterzugeben. Es ist Gott, der durch sein verkündigtes Wort etwas in den Zuhörern erreichen will. Der Prediger darf dazu als Sprachrohr dienen. Deshalb gebietet Paulus Timotheus ganz schlicht: „Predige das Wort!"

Dass der Prediger als Sprachrohr Gottes dient bedeutet, dass die Aufgabe des Predigens nicht auf die leichte Schulter genommen werden darf. Denn wenn Paulus Timotheus gebietet „Predige das Wort", so trägt er ihm die Aufgabe auf, ewig gültige Wahrheit, die unveränderlich ein für alle Mal von Gott gegeben wurde, unverfälscht an seine Zuhörer weiterzugeben. Die Verkündigung des ewigen Wortes Gottes ist wahrhaftig keine beiläufige Aufgabe. Der erfahrene Prediger kann nicht gleichgültig sagen: „Ja, ich werde hier schon irgendetwas auf die Schnelle zusammenschmeißen". Der Bruder ohne jegliche Predigterfahrung kann nicht bequem sagen „Ja, ich versuche einfach mal mein Bestes. Die Geschwister werden schon Verständnis haben, wenn ich es nicht voll gebacken bekomme". Wenn wir als Sprachrohr Gottes dienen, dann ist das wahrhaftig eine gewichtige Aufgabe.

## 2.3. Herold Gottes

In seiner Aufforderung „Predige das Wort" gebraucht Paulus das griechische Wort *kerusso*, das er sehr häufig auch in seinen anderen Schriften in Bezug auf das „Predigen" gebraucht (vgl. Apg 28,30-31; Röm 10,8.14-15; 1Kor 1,23;15,11-12; 2Kor 1,19; 4,5; Gal 2,2; Kol 1,3; 1Thess 2, 9). *Kerusso* wird sonst für einen Herold gebraucht, der von seinem König ausgesandt wird, um eine königliche Botschaft zu verkündigen (zu „herolden"). Wenn er etwas als Herold proklamiert, dann ist es nicht seine eigene Botschaft, mit der er zu den Dorfbewohnern kommt. Er wird auch nicht zu ihnen kommen und einfach sagen: „Ja, das hat der König zwar so gesagt, aber ihr wisst ja, ihr könnt tun oder lassen, was ihr wollt!" Statt dessen wird der Herold kommen und sagen: „Hört das verbindliche Wort eures Königs! Ich verkündige euch, was euer König von euch verlangt und für euch entschieden hat".

Diese Bedeutung und Implikationen des Wortes „herolden" treffen auch auf die Aufgabe des Predigens zu. Der König aller Könige trägt dem Prediger auf, sein Wort zu verkündigen. Der Prediger kommt zur Gemeinde und proklamiert: „Hört das Wort des ewigen Königs! Dieses sind die ermutigenden Worte, Forderungen, Ermahnungen, Zurechtweisungen, und Zusprüche eures Königs. Hört und handelt danach!" Der Prediger tritt nicht vor die Gemeinde, um ihr lediglich gute Ratschläge oder Tipps oder gar seine eigenen Gedanken nahezulegen. Seine Aufgabe lautet „*Verkündige* das Wort!" und das bedeutet, dass er göttliche Wahrheiten „heroldet", denen es gilt, Gefolge zu leisten.

## 3. Die Aufforderung zum Predigen

Paulus erläutert aber nicht nur die *Ausrüstung des Predigers* und die *Aufgabe des Predigens* im 2Tim 3,14-4,2, sondern er gibt auch eine klare *Aufforderung zum Predigen* ab. Wie eben schon erläutert ist die Aufgabe des Predigens eine gewichtige Aufgabe. Im Rahmen seiner Aufforderung „Predige das Wort" macht Paulus dann auch deutlich, warum diese Aufgabe so gewichtig ist. Er erklärt Timotheus: „So ermahne ich dich inständig vor Gott und Christus Jesus, der da kommen wird zu richten die Lebenden und die Toten, und bei seiner Erscheinung und seinem Reich: Predige das Wort" (4,1-2; LUT[84]). Die Aufforderung beginnt mit einem „So" (oder auch in anderen Übersetzungen „Daher", „Deshalb"). Doch worauf bezieht sich dieses „so"/„daher" am Anfang von V. 1? Paulus bezieht sich hier auf den vorhergehenden Abschnitt von Kap. 3,14-17, in dem er das Wesen des Wortes Gottes beschreibt. Diese Aufforderung zu predigen ist also fest in dem Wesen Gottes und seines Wortes verankert. Weil Gott gesprochen hat, weil Gott sein Wort Menschen eingehaucht und ihnen aufgetragen hat, es aufzuschreiben, soll Timotheus jetzt dieses Wort verkündigen. Gott hat gesprochen und deshalb müssen es jetzt alle hören. Das Wesen des Wortes Gottes bringt eine gewisse Dringlichkeit für die Predigt mit sich.

### 3.1. Die Dringlichkeit des Predigens aufgrund der göttlichen Gegenwart

Paulus erläutert sehr präzise für Timotheus, worauf diese Dringlichkeit in der Aufforderung zum Predigen basiert. Sie liegt nicht bei den Zuhörern oder gar den Irrlehrern, die Paulus im ersten Teil von Kap. 3 erwähnt hat (vgl. 3,1-9). Nein, die Dringlichkeit ist fest verankert in Gott und seiner Gegenwart bei der Predigt. Denn Paulus sagt „So ermahne ich dich inständig *vor* Gott und Christus Jesus" (4,1). Paulus erinnert hier Timotheus, dass Gott selbst der ausschlaggebende Teilnehmer unter den Zuhörern der Predigt ist. Dementsprechend soll Timotheus sich des prüfenden aber auch zufriedenen Blickes Gottes in seiner Predigt bewusst sein. Dasselbe gilt auch für jeden anderen Prediger, woraus sich eine Dringlichkeit aber auch Ernsthaftigkeit für jede Predigt ergibt.

## 3.2. Die Dringlichkeit des Predigens aufgrund des göttlichen Gerichts

Aber laut 2Tim 4,1-2 ergibt sich diese Dringlichkeit und Ernsthaftigkeit in der Aufforderung zur Predigt nicht nur aus der *Vergangenheit* – Gott hat gesprochen – und der *Gegenwart* – die Predigt findet in Gottes Gegenwart statt –, sondern auch aus der *Zukunft*. Paulus fordert Timotheus in diesen Versen auf, angesichts des Gerichts der Lebendigen und Toten und der vor ihm liegenden Erscheinung Jesu Christi zu predigen. Wie schon erläutert, ist es einzig und allein das Wort Gottes, das den Mensch Gottes auf diesen zukünftigen Tag vorzubereiten und zuzurüsten vermag (3,15-17). Deshalb muss Gottes Wort so dringend gepredigt werden. Der Tag wird kommen, an dem jeder Mensch vor dem Richterstuhl Jesu Christi erscheinen muss. Darauf müssen die Zuhörer durch die Predigt vorbereitet werden. Wie die vorherigen Verse deutlich gemacht haben, muss das Wort gepredigt werden, damit die Zuhörer belehrt, überführt, zurechtgewiesen und erzogen werden in der Gerechtigkeit und so zu jedem guten Werk auf das Erscheinen Christi hin zugerüstet sind (3,16-17). Dazu muß dieses in ihnen eingepflanzte Wort Gottes Früchte bringen. Das geschieht durch die Verkündigung dieses Wortes. Deshalb kann Paulus nicht anders als sagen: „Predige das Wort!"

Der Prophet Amos dient hier als ein gutes Beispiel für jemanden, der diese Dringlichkeit der Verkündung angesichts des Gerichts verstanden hat. Gott hat seinem Propheten Amos seinen Ratschluss über die Zukunft Israels klar offenbart. Da war Amos klar: Was könnte er anderes tun, als diesen Ratschluss jetzt so eindringlich wie nur möglich zu verkündigen?

> „Gott der HERR tut nichts, er offenbare denn seinen Ratschluss den Propheten, seinen Knechten. – Der Löwe brüllt, wer sollte sich nicht fürchten? Gott der HERR redet, wer sollte nicht Prophet werden?" (Amos 3,7-8).

Gott, der Richter und König seines Volkes, hatte gesprochen, ja hatte sogar „gebrüllt", wie konnte da der Prophet schweigen? Auch für seine Gemeinde und die Welt von heute hat Gott klare Worte gesprochen. Somit *muss* der Prediger als Prophet diese Worte verkünden. Gott hat gesprochen, er hat seinen Ratschluss über die Zukunft offenbart, wie kann der Prediger da schweigen? Paulus' dringende Aufforderung zum Predigen ist somit wohl begründet.

## 4. Die Ausführung der Predigt

Paulus beschreibt somit in 2Tim 3,14-4,2 für Timotheus die *Ausrüstung des Predigers*, die *Aufgabe des Predigens* und die *Aufforderung zum Predigen*.

Aber Paulus äußert sich in diesem Abschnitt auch zu der *Ausführung der Predigt* – wie das Wort gepredigt werden soll. Er weist Timotheus an: „Predige das Wort, steh bereit zu gelegener und ungelegener Zeit; überführe, weise zurecht, ermahne mit aller Langmut und Lehre!" (4,1-2). Aus diesen beiden Versen und ihrem weiteren Zusammenhang lässt sich ableiten, dass das Wort Gottes gezielt, gründlich, didaktisch, prophetisch, kontinuierlich und seelsorgerlich verkündigt werden soll.

## 4.1. Gezielt

Wenn Paulus Timotheus hier auffordert „Predige das Wort", dann sagt er ihm nicht, „Rede *über* das Wort" oder „Teile deine *Gedanken über* dieses Wort mit". Sondern er sagt: „Predige *das* Wort". In dieser Aufforderung kommt eine gewisse Zielstrebigkeit zum Ausdruck, mit der das Wort verkündigt werden soll. Wozu Paulus hier auffordert, ist kein „Schrotgewehr"-Ansatz, bei dem Informationen und Gedanken zum Predigttext weit gestreut abgefeuert werden, in der Hoffnung, dass der eine oder andere Gedanken vielleicht den Zuhörer trifft. Es ist keine Aufforderung einfach eine Bibelstunde zum Predigttext zu halten, in der der Prediger seine Zuhörer mit vielen interessanten Informationen und Gedanken über den Text überhäuft. Nein, die Predigt, von der Paulus hier spricht, gleicht eher einem Pfeil, der gezielt auf die Herzen der Zuhörer abgeschossen wird. Es ist eine Predigt, in der der Prediger, für den Zuhörer didaktisch geschliffen, die Aussagen des Predigttextes, die er durch sorgfältige Exegese herausgearbeitet hat, auf den Punkt bringt. Es ist eine Predigt, in der er dem Zuhörer klar vermittelt, was Gott ihm mit dem Predigttext über sein Leben sagen will. Dabei erläutert der Prediger mit großem Einfühlvermögen, worum es in diesem Text geht und vor allem, warum Gott diesen Text gesprochen, inspiriert und schriftlich verewigt hat.

## 4.2. Gründlich

Diese zielstrebige Verkündigung von Gottes Wort beginnt natürlich zuerst einmal mit einer sehr gründlichen Auseinandersetzung mit dem, was denn der Predigttext überhaupt sagen will. In dem vorhergegangen Teil des Briefes warnt Paulus Timotheus vor unnützen Wortstreitigkeiten und Irrlehren in der Gemeinde (2Tim 2,14-3,9). Um diesen Irrlehren zum Wohle der Gemeinde entgegenzuwirken, erklärt Paulus Timotheus, wie er sich in dieser Situation verhalten soll. Gleich an erster Stelle steht die Aufforderung, sich gründlich mit Gottes Wort auseinanderzusetzen: „Strebe danach, dich Gott bewährt zur Verfügung zu stellen, als einen Arbeiter, der sich nicht zu schämen hat, der das Wort der Wahrheit in gerader Richtung schneidet" (2Tim 2,15). Das Wort, das Paulus hier gebraucht, ist dasselbe Wort, das auch seine Arbeit als Zeltmacher beschreibt. „In gerader Richtung schneiden" beschreibt, was ein Zeltmacher tut, wenn er einen Streifen Leder so präzise und gerade zurechtschneitet, dass er mit einem zweiten Streifen Leder durch eine saubere Naht zusammengenäht werden kann. Und genau so präzise soll jetzt auch Timotheus beim Auslegen des Wortes Gottes vorgehen. Nur so kann er sichergehen, dass er den Irrlehren und Wortstreitigkeiten in der Gemeinde entgegenwirken kann.

William Hendriksen beschreibt diesen „richtigen Umgang mit dem Wort der Wahrheit" wie folgt:

> „Der Mann, der das Wort der Wahrheit recht behandelt, wird das Wort weder ändern noch verdrehen, verstümmeln oder entstellen. Auch wird er es nicht unter einem falschen Vorwand gebrauchen. Ganz im Gegenteil wird er andächtig unter Gebet die Schrift im Lichte der gesamten Schrift auslegen. Er wendet mutig, dabei aber auch liebevoll, ihre herrliche Bedeutung auf konkrete Umstände [in der Gemeinde] an und verfolgt dabei die Verherrlichung Gottes, Bekehrung von Sündern und Erbauung von Gläubigen".[7]

So sieht der gesunde und gründliche Umgang mit der Schrift aus. So gründlich den Predigttext zu erforschen, dazu ist jeder Prediger aufgefordert. Nur so kann er wirklich gezielt und mit Autorität das Wort verkündigen.

Solch ein gründliches Erforschen der Schrift bedarf jedoch der Knochenarbeit. Diese Arbeit sollte und darf kein Prediger scheuen. John MacArthur, einer der großen Auslegungsprediger unserer Zeit, bringt diesen Aufwand, den der sorgfältige Umgang mit der Schrift mit sich bringt, wie folgt auf den Punkt: „Predigtvorbereitung ist 10 % Inspiration und 90 % Transpiration". Um es mit Hendricks Worten auszudrücken, die „herrliche Bedeutung [des Predigttextes]" herauszuarbeiten und „auf konkrete Umstände [in der Gemeinde] anzuwenden" mit der „Verherrlichung Gottes, Bekehrung von Sündern und Erbauung von Gläubigen" im Sinn ist sehr viel Arbeit. Zum Wohl der Gemeinde und zur Ehre Gottes ist diese Arbeit jedoch notwendig. Kein Prediger sollte die dazu notwendige Zurüstung zu solch einer Aufgabe oder den persönlichen Aufwand dafür scheuen. Es bedarf gründlicher Vorbereitung, um vor die Gemeinde treten zu können und sagen zu können: „Liebe Gemeinde, das ist das Wort Gottes für euch heute". Aber genau dazu ist jeder Prediger aufgefordert, wenn es heißt „Predige das Wort!".

## 4.3. Didaktisch

Die zielstrebige Verkündigung von Gottes Wort beginnt also mit einer sehr gründlichen Auseinandersetzung mit dem Predigttext. Aber der nächste Schritt ist genauso entscheidend, wenn es jetzt darum geht, die Aussagen des Textes didaktisch verständlich und geschliffen für den Zuhörer auf den Punkt zu

---

[7] Hendriksen, William, *Exposition of the Pastoral Epistles*, Grand Rapids: Baker, 1957, S. 263 (eigene Übersetzung).

bringen. Paulus gebietet Timotheus, „Predige das Wort" und zwar auf solch eine Art und Weise, dass das Wort auch wirklich etwas in den Herzen der Zuhörer bewirken kann. Es ist nicht genug für den Prediger, die Bedeutung des Predigttextes herauszuarbeiten. Er hat auch die Aufgabe, die Aussagen des Textes mit Hilfe von didaktisch hilfreichen Gliederungen, eindrücklichen Veranschaulichungen und klaren Anwendungen seinen Zuhörern nahezubringen und zu vergegenwärtigen.

Der Schriftgelehrte Esra ist hier ein gutes Beispiel. Wie Esra sollte jeder Prediger sein Herz darauf richten, „das [Wort] des HERRN zu erforschen und danach zu tun und ... [es] zu lehren" (Esra 7,10). Es heißt über Esra, dass er das Wort Gottes „klar und verständlich [auslegte], sodass man verstand, was gelesen worden war" (Neh 8,8). In der Ausführung seiner Predigt arbeitet der Prediger also nicht nur die Hauptaussage des Textes heraus und organisiert den Inhalt des Textes, so dass er leichter verständlich und besser zugänglich ist, sondern er wendet den Text dann auch so an, dass die Zuhörer verstehen, was er für ihr Leben bedeutet. Viel zu viele Predigten wurden schon gehalten, bei denen die Zuhörer am Ende nicht wirklich sagen konnten, worum es in der Predigt eigentlich ging und was der Predigttext mit dem persönlichen, täglichen Leben zu tun hat. Das war nicht die Art von Predigt, die Esra hielt. Das ist auch nicht die Art von Predigt, zu der Paulus Timotheus hier auffordert.

### 4.4. Prophetisch

Bei manchen Gottesdiensten hat man das Gefühl, dass die Predigt lediglich dazu diente, die für sie vorgesehene Zeit im Gottesdienst neben vielen anderen Programmpunkten zu füllen. Zu einem richtigen Gottesdienst gehört nun einmal eine Predigt. Aber wenn Paulus Timotheus hier auffordert, „Predige das Wort", dann fordert er ihn zu mehr auf, als nur die für die Predigt vorgesehene Zeit im Gottesdienst zu füllen. Dazu kommt, dass die Predigt, von der Paulus hier redet, auch einem weitaus höheren Ziel dient, als lediglich die Zuhörer zu unterhalten oder intellektuell zu stimulieren. Diese Tatsache entlastet letztendlich den Prediger. Er muss es sich nicht auferlegen, originell zu sein, als Komödiant gut anzukommen, oder die Zuhörer sonst irgendwie zu beeindrucken. „Predige das Wort" bedeutet, als Prophet Gottes den Schatz seines Wortes den Zuhörern weiterzuvermitteln und zu verkündigen. Der Prediger ist dabei nur das Sprachrohr Gottes und muss nicht versuchen, durch seine eigenen rhetorischen und intellektuellen Fähigkeiten der göttlichen Botschaft noch ein Gütesiegel zu verpassen. Deshalb schreibt Paulus in seinem Brief an die Korinther:

> „Denn ich hielt es für richtig, unter euch nichts zu wissen als allein Jesus Christus, den Gekreuzigten. Und ich war bei euch in Schwachheit und in Furcht und mit großem Zittern; und mein Wort und meine Predigt geschahen nicht mit überredenden Worten menschlicher Weisheit, sondern in Erweisung des Geistes und der

Kraft, damit euer Glaube nicht stehe auf Menschenweisheit, sondern auf Gottes Kraft". (1Kor 2, 2-5)

## 4.5. Kontinuierlich

Als Sprachrohr Gottes muss der Prediger sich also nicht unter Druck setzen lassen, dass der Erfolg der Verkündigung von seinen eigenen Fähigkeiten abhängt. Dasselbe trifft auch auf seine Wahl des Predigttextes und -themas zu. Denn in seinen Anweisungen über die Ausführung der Predigt erklärt Paulus Timotheus jetzt weiter, dass das Wort kontinuierlich und fortlaufend für die Gemeinde ausgelegt werden soll. Paulus schreibt, „Steh bereit zu gelegener und ungelegener Zeit" (4,2). Um sicher zu gehen, dass keine Irrlehren sich in der Gemeinde breit machen und die Gemeinde gesund wächst, gebietet Paulus hier, dass Timotheus konsequent und kontinuierlich die Schriften auslegt und predigt, egal ob es nun gerade gelegen oder ungelegen erscheint. Und so gilt auch heute noch für jeden Prediger diese Aufforderung in der treuen Ausführung der Predigt von Gottes Wort, dass es kontinuierlich und fortlaufend verkündigt wird, in der Gewissheit, dass die Zeit kommt, wo das, was gerade gepredigt wurde, von Bedeutung und Nutzen sein wird. Durch ein kontinuierliches Durchpredigen durch Bücher und ganze Teile der Bibel wird ein gesundes Fundament in der Gemeinde gelegt.

## 4.6. Seelsorgerlich

Paulus trägt Timotheus hier nicht nur auf, Gottes Wort kontinuierlich zu verkündigen, sondern er hat auch eine seelsorgerliche Absicht. In 2Tim 4,2 heißt es weiter „überführe, weise zurecht, ermahne mit aller Langmut und Lehre!". Die Predigt läuft also letztendlich auf ein klares Ziel hinaus. Die Geschwister in der Gemeinde sollen durch die Predigt zurechtgewiesen und ermahnt werden. Ermahnen muss dabei nicht unbedingt etwas Negatives sein. Es schließt sowohl Ermahnung als auch Ermutigung mit ein. Die Aufgabe der Predigt liegt also letztendlich nicht nur darin, Gottes Wort gründlich und kontinuierlich auszulegen und zu erklären, sondern es dann auch auf die gegenwärtige Situation in der Gemeinde anzuwenden. Der Prediger verfolgt die Absicht, dass die Predigt zur Korrektur und Ermutigung der Geschwister dient. Der Prediger nimmt sich somit seelsorgerlich der Nöte und der Anliegen der Geschwister an, indem er einfühlsam den Predigttext auf die gegenwärtige Situation der Geschwister anwendet. Er legt somit also nicht nur den Bibeltext, sondern auch die Welt aus, in der die Geschwister leben. Deshalb gab John Stott auch seinem eingangs zitierten Buch den Titel *Between Two Worlds* – zwischen zwei Welten: zwischen der Welt des Textes und der Welt der Zuhörer. Wie Paulus Timotheus hier erklärt, wird die Anwendung von Gottes Wort dabei nicht nur von Belehrung begleitet, sondern auch von viel Langmut und Geduld. Mit viel Einfühlungsvermögen und Verständnis für seine Zuhörer wendet der Prediger Woche für Woche den Text auf die gegenwärtige Situation seiner Zuhörer an.

## 5. Abschluss

Und hier schließt sich der Kreis. Denn der Grund, warum der Prediger geduldig und einfühlsam Gottes Wort Woche für Woche kontinuierlich auslegen und verkündigen kann ist, dass er weiß, dass langfristig das Wesen des Wortes Gottes die Kraft, Nützlichkeit und Früchte der Predigt im Leben der Gemeinde garantiert. Der Prediger hat wahrhaftig eine gewaltige Ausrüstung, mit der er Woche für Woche auf die Kanzel steigt. Es ist das Wesen des Wortes Gottes selbst, das die Wirkkraft der Predigt garantiert, wenn es nur recht verkündigt wird. Die Frage ist also, ob er treu der Aufforderung zur Predigt folgen und diese so ausführen wird, wie Gott es durch sein Wort geboten hat.

**Bibliographie**

- Broadus, John A., *On the Preparation and Delivery of Sermons*, 4th ed, San Francisco: Harper, 1979.
- Hendriksen, William, *Exposition of the Pastoral Epistles*, Grand Rapids: Baker, 1957.
- Stott, John, *Between Two Worlds*, Grand Rapids: Eerdmans, 1982.

# Biblische Grundlagen der Lehre[1]

*Eric McCauley,*
*Dekan an der EVAK*

## 1. Einleitung

Unsere Vorstellung von Lehre bestimmt, wie wir unterrichten. Eine gute Theorie der Lehre führt auch zu einer guten Praxis der Lehre. Wer eine falsche oder lückenhafte Vorstellung von Lehre hat, wird auch falsch oder unvollständig lehren.

Es gibt zahlreiche Unterlagen über Lehre und Lerntheorie aus pädagogischer und psychologischer Sicht. Aber nur wenige behandeln die Lehre aus biblischer Perspektive, daher ist es wichtig, unser Verständnis von Lehre aus biblischer Perspektive zu vervollkommnen.

In diesem Artikel werden wir die Prinzipien der Bildung aus dem Alten Testament kennen lernen, indem wir die Mittel der Unterweisung aus Dtn 6,4-9 durchnehmen. Wir werden auch die Rolle der Jüngerschaft in der Bildung verstehen lernen, indem wir uns die Kennzeichnen eines Jüngers vor Augen halten.

Hätten Sie mich vor ein paar Jahren gefragt, was Lehren ist, so hätte ich etwa wie folgt geantwortet: Lehre ist, wenn ein Lehrer vor eine Klasse steht und spricht, während die Schüler mitschreiben, damit sie am Ende des Kurses eine Prüfung bestehen. Lehre findet in einer Schule statt. Vielleicht würde Ihre Antwort ähnlich lauten.

Seit damals habe ich aber begriffen, dass Lehre viel mehr ist als das. Überdies hat die Bibel viel über Lehre zu sagen und enthält Beispiele für die verschiedensten Lehrmethoden von Mose bis zu den Propheten und von Jesus bis zu Paulus. Selbst Gott wendet eine Vielfalt von kreativen Lehrmethoden an, obwohl er meines Wissens niemals eine Klasse betreten hat, um zu unterrichten.

Es gibt viele Bibeltexte mit guten Gründen für Lehre und Unterweisung, wir werden uns hier aber auf zwei Stellen beschränken (Dtn 6 und Mt 28).

Unser erster Quelltext über Lehre ist Dtn 6,4-9.

Das fünfte Buch Mose („Deuteronomium") richtet sich an die Israeliten nach der vierzigjährigen Wüstenwanderung. Praktisch alle, die mit Mose aus Ägypten ausgezogen waren, sind gestorben. Die Adressaten von 5. Mose sind die

---

[1] Dieser Artikel ist Teil eines geplanten BAO-Kurses.

jungen Israeliten, die am Berg Sinai noch nicht dabei gewesen waren, als ihre Eltern das Gesetz empfingen. 5. Mose ist eine Erneuerung des Gesetzes und eine Erinnerung, welch einem heiligen Gott sie dienen.

Dtn 6 richtet sich an Familien. Die Eltern haben eine Verantwortung, ihre Kinder sorgfältig zu unterweisen. Religiöse Erziehung beginnt nicht in der Gemeinde, sondern zu Hause. Die große Frage ist, wie wir sowohl unsere Kinder als auch andere unterweisen können. Dtn 6,4-9 gibt uns einige Hinweise, die uns beim Beantworten dieser Frage helfen können.

> „Höre, Israel: Der Herr ist unser Gott, der Herr allein! Und du sollst den Herrn, deinen Gott, lieben mit deinem ganzen Herzen und mit deiner ganzen Seele und mit deiner ganzen Kraft. Und diese Worte, die ich dir heute gebiete, sollen in deinem Herzen sein. Und du sollst sie deinen Kindern einschärfen, und du sollst davon reden, wenn du in deinem Hause sitzt und wenn du auf dem Weg gehst, wenn du dich hinlegst und wenn du aufstehst. Und du sollst sie als Zeichen auf deine Hand binden, und sie sollen als Merkzeichen zwischen deinen Augen sein, und du sollst sie auf die Pfosten deines Hauses und an deine Tore schreiben." (Dtn 6,4-9)

Dieser Text richtet sich zwar konkret an Eltern, die allgemeinen Prinzipien daraus zeigen uns aber, wie Gott den Lehr- und Lernprozess insgesamt sieht.

## 2. Gottes Liebe als Ausgangspunkt

> „Und du sollst den Herrn, deinen Gott, lieben mit deinem ganzen Herzen und mit deiner ganzen Seele und mit deiner ganzen Kraft. Und diese Worte, die ich dir heute gebiete, sollen in deinem Herzen sein." (Dtn 6,5.6)

Das hebräische Denken ist ganzheitlich, und dieser Vers betont, dass wir Gott mit allem lieben sollen, was wir haben – mit unserem Herzen, unserer Seele und aller Kraft. Die Liebe zu Gott ist ein Motivator für Lehrer, während sie andere auf den Wegen Gottes unterweisen. Sie lehren, was Gott will, und sie tun das in erster Linie aus einer Liebe zu Gott heraus, die auf die Lernenden überschwappen soll.

## 2.1. Gottes Liebe zum Lehrer

Niemand kann weitergeben, was er nicht besitzt. Gott ist die Quelle und das Vorbild der Liebe. Die Bibel ist voll von Beispielen und Feststellungen, wie Gott die Menschen liebt. Wir brauchen nur Röm 5,6-11 zu überfliegen, um einen Beweis für die Liebe Gottes für alle Menschen, aber auch konkret für Sie persönlich zu finden. Laut Vers 8 hat Gott seine Liebe zu uns bewiesen, indem er, während wir noch Sünder waren, seinen Sohn Jesus sandte, um zu sterben und damit unsere Sünde auf sich zu nehmen. Das ist der Ausgangspunkt jeder Liebe. Weil Gott uns zuerst geliebt hat, können wir ihn mit unserem ganzen Wesen zurücklieben, wie Dtn 6 es fordert.

## 2.2. Die Liebe des Lehrers zu Gott

Je besser wir Gott kennen, desto größer wird unsere Liebe zu ihm. „Kennen" bezieht sich hier sowohl auf unseren Verstand als auch auf unsere Erfahrung. Gott ist nicht nur die Quelle der Liebe, sondern auch das Vorbild für Liebe. Nur wegen der Liebe Gottes ist ein Mensch überhaupt zur Liebe fähig (1Joh 4,19).

## 2.3. Die Liebe des Lehrers zu den Lernenden

Bisher haben wir uns nur mit dem vertikalen Aspekt der Liebe befasst, mit der Liebe Gottes zum Lehrer und der Liebe des Lehrers zu Gott. Eine Wirkung dieser vertikalen Beziehung ist jene Liebe, die wir nunmehr in unseren irdischen, horizontalen Beziehungen weitergeben können. Gott hat Sie geliebt, selbst als Sie noch mit ihm verfeindet waren. Der Lehrer, der die Liebe Gottes erfahren hat, kann nunmehr genau diese Liebe nehmen und die Lernenden damit überschütten. Gott hat Liebe und Großmut walten lassen, und wer diese Liebe gesehen und erfahren hat, kann sie an jene weitergeben, die er unterrichtet (1Joh 4,7.11).

## 3. Verbale Unterweisung – mit Worten lehren

Unser Text betont verbale Unterweisung in zwei verschiedenen Zusammenhängen, und zwar formelle und informelle Lehre.

## 3.1. Formelle Lehre

„Und du sollst sie deinen Kindern **einschärfen** [...]" (Dtn 6,7).

Die hebräische Erziehung nahm ihren Ausgangspunkt in der Familie. Im Lauf der historischen Entwicklung bildeten sich auch formelle Strukturen der Unterweisung heraus. In der Zeit der Erzväter, vom Bund Gottes mit Abraham ausgehend (erstmals in Gen 12,1-3, später ratifiziert in Gen 15), wurde die Unterweisung informell durch Familienmitglieder weitergegeben.

Mit der Gesetzgebung und dem Beginn der Priesterschaft gab es einen markanten Übergang der Verantwortung für die Lehre (Ex 28,29, auch Lev 8). Die Priester waren als Mittler zwischen Gott und seinem Volk eingesetzt, sie gaben den Buchstaben und den Sinn des Gesetzes weiter. Das Volk sollte zur Stiftshütte und zu den Priestern kommen, um Opfer zu bringen und unterwiesen zu werden. Ab der Richterzeit und bis in die nachexilische Zeit verwendete Gott die Propheten, um sein Wort und seine Wege zu vermitteln.

Mit den Propheten wurde die Weitergabe des Gesetzes dezentralisiert. Sie gingen zu den Menschen, statt dass die Menschen zur Stiftshütte oder zum Tempel kommen mussten. Gangel und Benson weisen auf die Entwicklung von Prophetenschulen hin (2Kön 2,3-5; 4,38; 6,1). Zwar besteht keine Einigkeit darüber, wer diese Schulen gegründet hat, sie sind aber besonders eng mit dem Wirken von Elia und Elisa verbunden.[2] Während des Exils versammelten sich die Hebräer in Synagogen, wo die Unterweisung aus der Thora fern der Heimat fortgesetzt wurde.

Bildung war den Hebräern immer wichtig. Diese Bildung war immer gottzentriert, und das Alte Testament ist voll von Hinweisen auf Lehre. „Der Lehrplan bestand aus der Schrift – an erster Stelle der Thora, später auch den Propheten und Schriften. Noch später kam die Mischna hinzu, die mündliche Tradition, die von Generation zu Generation weitergegeben und schließlich im Talmud niedergeschrieben wurde."[3]

> **Wortstudium**
>
> **Lehren** (hebr.) שנן schanan
>
> Schanan kommt im Alten Testament 9 mal vor, seine Grundbedeutung ist „schärfen, wetzen", etwa ein Schwert (Dtn 32,41).
>
> In Dtn 6,7 steht es in der Bedeutung von „einschärfen, lehren". Jemand bemüht sich, einem anderen Informationen beizubringen.
>
> Tätowierungen werden mit einer scharfen Nadel vorgenommen, indem Tinte in die Haut eingebracht wird. Genau dieser Gedanke steckt hinter „einschärfen". Die Lektion ist fokussiert (scharf) und wird wiederholt, damit der Lernende sie dauerhaft aufnimmt und sie ein Teil von ihm selbst wird.

„Der Hauptzweck der Bildung in biblischen Zeiten bestand darin, den ganzen Menschen für den lebenslangen, gehorsamen Dienst in der Erkenntnis Gottes zu unterweisen (Spr 1,7; Pred 12,13) […] Das Ziel des Lernens bestand in der Heiligung, einem in jedem Bereich für Gott beiseite gesetzten Leben. Diese Heiligkeit erforderte ein Wissen um Gottes Handeln in der Geschichte und einen festen Entschluss, seinen Geboten zu gehorchen, die Anweisungen für das Leben waren."[4]

Formelle Unterweisung bedeutet, dass die wichtigsten Inhalte tiefgehend vermittelt werden und genügend Aufmerksamkeit erhalten, um verstanden und korrekt umgesetzt zu werden.

Gibt es ein besseres Thema als Gott, um es tiefgehend zu studieren und das Gelernte im Alltag anzuwenden?

---

[2] Gangel, Kenneth; Benson, Warren, *Christian Education: Its History and Philosophy*, Eugene: Wipf and Stock Publishers, Jahr 2002, S. 29.
[3] Ebd. S. 21 (eigene Übersetzung).
[4] Wilson, Marvin, *Our Father Abraham: Jewish Roots of the Christian Faith*, Grand Rapids: Eerdmans, 1989, S. 279 (eigene Übersetzung).

## 3.2. Informelle Lehre

> „[…] und du sollst davon reden, wenn du in deinem Hause sitzt und wenn du auf dem Weg gehst, wenn du dich hinlegst und wenn du aufstehst." (Dtn 6,7)

Während der täglichen Aktivitäten über etwas zu reden, ist auch eine Form der Lehre. Wir sprechen dann von informeller Unterweisung. Sie findet nicht in einem Klassenzimmer statt, sondern die Lektionen werden im Rahmen alltäglicher Situationen gelehrt und gelernt. Ich habe so manche Mutter beobachtet, die das auf ganz natürliche Weise tat. Ihr Kleinkind sitzt im Kinderwagen, während ihm die Mutter erklärt, was sie nun tun werden, und oft auch, warum sie es tun.

Einige der wichtigsten Fertigkeiten im Leben erlernen wir durch informelle Unterweisung oder durch das Vorbild, nicht im Klassenzimmer. Informelle Lehre ist so natürlich wie das Atmen und wird oft unterschätzt. Wichtige Fertigkeiten wie Reden, Sicherheit und Beziehungen, um nur einige zu nennen, beginnen informell. Als meine Tochter auf die Welt kam, schickten wir sie nicht gleich auf eine Sprachschule. Sie beobachtete uns und hörte uns zu. Sobald ein Kind alt genug ist, bringen wir ihm bei, wie es die Straße sicher überqueren kann. Die Erwachsenen machen es ihm viele Male am Tag vor, sie erklären dem Kind, worauf es achten muss, damit es sicher auf die andere Seite kommt. Ob es uns gefällt oder nicht, das Knüpfen von Beziehungen erlernen wir hauptsächlich aus dem Vorbild unserer Herkunftsfamilie.

Hier liegt die Essenz des lebenslangen Lernens im Rahmen von Beziehungen, in denen wir Wertvorstellungen, Lektionen für das Leben und einen ganzen Lebensstil lehren und lernen. Vorbildwirkung ist oft gar nicht beabsichtigt. Informelle Lehre ist sehr wirksam, daher sollten wir informelle „Lehrmomente" bewusst nützen, um wichtige Werte und Lektionen weiterzugeben.

## 4. Nonverbale Unterweisung – mit Zeichen und Symbolen lehren

Wir können es uns gar nicht leisten, nur mit einer einzigen Methode zu lehren; wir müssen alle Sinne ansprechen, um den maximalen Lernerfolg zu erzielen. Von den fünf Sinnen (hören, sehen, riechen, tasten und schmecken) wird das Hören bei weitem am meisten für Lehrzwecke eingesetzt. Untersuchungen haben bewiesen, dass der Lernprozess wesentlich wirksamer ist und eine Lektion viel besser in Erinnerung bleibt, wenn mehr als ein Sinn angesprochen wird. Daher ist es wichtig, nicht nur durch Reden zu lehren, damit die Lernerfahrung länger anhält. Lange bevor die Psychologie und die modernen Untersuchungsmethoden nachgewiesen haben, dass das Ansprechen mehrerer Sinne das Lernen unterstützt, hat Gott dieses Prinzip im Alten Testament umgesetzt.

> „Und du sollst sie als Zeichen auf deine Hand binden, und sie sollen als Merkzeichen zwischen deinen Augen sein, und du sollst sie auf die Pfosten deines Hauses und an deine Tore schreiben." (Dtn 6,8.9)

Ob uns das gefällt oder nicht, die Art, wie wir unser Leben führen, lehrt andere, woran wir glauben. Unser nonverbales Handeln ist für andere ein Zeichen. Die Israeliten banden sich tatsächlich Auszüge aus dem Gesetz an ihre Hände oder an die Stirn, um ständig an die Gebote Gottes erinnert zu werden.

Heute stecken sich die Menschen bei der Hochzeit einen Ring an den Finger, um sich selbst und die Öffentlichkeit an ihr Versprechen vor Gott und dem Ehepartner zu erinnern. Viele Christen geben sich durch einen Fischaufkleber an ihrem Auto zu erkennen. Das ist ein öffentliches Zeichen, damit alle wissen, wem wir nachfolgen.

Wir haben bereits erwähnt, wie stark ein Vorbild wirkt. Lebenslektionen, Fertigkeiten und Einstellungen werden meist durch das Vorbild vermittelt. Diese Beobachtung gilt auch für nonverbale Kommunikation ganz allgemein. Sie gehört zwar nicht in die Kategorie Zeichen und Symbole, die Art, wie wir nonverbal kommunizieren, hat aber eine starke und bleibende Wirkung. Körpersprache, Augenkontakt, Tonfall und Berührung teilen etwas mit, was Worte nicht transportieren können. Sooft Sie ergänzende oder konstruktive Rückmeldungen geben, vergewissern Sie sich, dass Ihre nonverbalen Signale den Worten entsprechen.

In 5. Mose beginnt die Lehre in der Familie, indem die Eltern dafür verantwortlich sind, ihren Kindern von Gott zu erzählen, sie über ihn zu lehren und an ihn zu erinnern. Die Familie ist aber nur der Ausgangspunkt. Dieselbe Aufgabe haben wir in außerfamiliären Beziehungen, gegenüber Freunden, Nachbarn, Arbeitskollegen und Gemeindemitgliedern. Das führt uns zu unserem zweiten Text, der unser Lehrthema vertieft.

## 5. Jüngerschaft in der Bildung

> „Und Jesus trat herzu und redete mit ihnen und sprach: Mir ist alle Macht gegeben im Himmel und auf Erden. Geht nun hin und macht alle Nationen zu Jüngern, indem ihr diese tauft auf den Namen des Vaters und des Sohnes und des Heiligen Geistes, und sie lehrt alles zu bewahren, was ich euch geboten habe! Und siehe, ich bin bei euch alle Tage bis zur Vollendung des Zeitalters." (Mt 28,18-20)

Ich bin ein großer Befürworter moderner Bibelübersetzungen, aber manchmal geht bei heutigen Übersetzungen die ursprüngliche Betonung verloren. Man muss kein Experte für Griechisch und Hebräisch sein, um die Bedeutung des geschriebenen Wortes zu verstehen. Leider wird die Struktur dieses Verses oft irreführend wiedergegeben. In den meisten Übersetzungen besteht der Missionsbefehl aus vier Zeitwörtern, und der Leser kommt zu leicht auf den Gedanken, hier wären vier Befehle. In Wirklichkeit steht nur ein Wort in der Befehlsform.

„Macht zu Jüngern" ist der einzige Befehl in diesem Vers, die anderen Zeitwörter unterstützen diesen Befehl und erläutern den Prozess des Jüngermachens. Man könnte übersetzen: „Macht alle Nationen zu Jüngern. Macht Jünger, indem ihr zu den Nationen hinausgeht. Macht Jünger, indem ihr sie im Namen des Vaters, des Sohnes und des Heiligen Geistes tauft. Macht Jünger, indem ihr sie lehrt, allem zu gehorchen, was ich euch gelehrt habe."

Das führt uns zu der Frage: „Was ist ein Jünger?" Mit einem kleinen Wortstudium finden wir heraus, dass ein Jünger ein Schüler, ein Lernender, ein Nachfolger ist.

## 5.1. Ein Jünger ist ein Lernender

Der Schüler hört dem Meister oder Lehrer zu und lernt von den Erfahrungen und der Weisheit, die der Lehrer weitergibt. Als Lehrer sollten Sie selbst wieder ein Jünger sein, nicht nur andere zu Jüngern machen. Sind Sie ständig am Lernen über Gott, über andere und Sie selbst, oder sind Sie „ausgelernt" und lehnen sich auf dem Ruhepolster alter Informationen und Erfahrungen zurück? Indem Sie formell und informell lehren, bieten Sie gute und zutreffende Informationen an, damit Ihre „Jünger" lernen können.

## 5.2. Ein Jünger ist ein Nachfolger

Ein Jünger zu sein, ist mehr als nur Stoff und Fakten zu lernen. Der Jünger oder Lernende identifiziert sich mit dem Lehrer und folgt seiner Lehre sowie seinem Lebensstil. Folgen Sie in Ihrem Handeln Christus und seinen Lehren? Was Sie als Lehrer sagen und tun, werden Ihre „Jünger" Ihnen nachmachen, und dann werden auch sie andere beeinflussen und lehren. Führen Sie ein Leben, das es wert ist, nachgeahmt zu werden?

## 5.3. Ein Jünger ist auch ein Multiplikator

Zuerst ist er nur Lernender, aber dann gibt er das Gelernte an andere weiter, die wiederum mit ihrem Leben dasselbe tun werden.

Genau aus diesem Grund wird 2Tim 2,2 so gern zitiert. Der Vers lautet: „Und was du von mir in Gegenwart vieler Zeugen gehört hast, das vertraue treuen Menschen an, die tüchtig sein werden, auch andere zu lehren." Wir sollen weitergeben, was wir von anderen gelernt haben. Dieser Text spricht von vier verschiedenen Generationen von Jüngern. Der Apostel Paulus (1. Generation) hat die Leser von 2. Timotheus unterrichtet (2. Generation), die wiederum ermutigt werden, andere treue Männer zu lehren (3. Generation), damit sie die Lehre weitergeben können (4. Generation).

Howard Hendricks schlägt vor, immer drei Menschen in unserem Leben zu haben: erstens jemanden, von dem wir lernen, zweitens jemand Gleichgestellten, mit dem wir uns austauschen, und drittens jemanden, den wir lehren und an den wir das Gelernte weitergeben. Wir haben die Pflicht, das Empfangene weiterzureichen. Was unsere Schüler oder Jünger dann mit dem tun, was wir sie lehren, liegt nicht in unserer Hand und ist letztlich Gottes Sache.

## 5.4. Gehorsam lehren

Die Arbeit eines Lehrers ähnelt dem Pflanzen eines Baumes. Mit viel Aufwand wird der Boden aufbereitet, der Same ausgesät und über einen langen Zeitraum hinweg das Unkraut rundum gejätet, damit der Baum eines Tages wachsen und später Frucht für andere tragen kann. Die Menschen brauchen Zeit, um das Gehörte und Gelernte zu verarbeiten, manchmal Tage oder Wochen, oft auch Jahre, bis sie es sich zu Eigen gemacht haben. Der Lernprozess kann nicht über die Bereitschaft des Lernenden hinaus erzwungen über beschleunigt werden.

Der Lehrer ist nicht der einzige, der am Lehren beteiligt ist. Auch der Heilige Geist spielt eine entscheidende Rolle. Das Wirken des Heiligen Geistes sowohl am Lehrenden als auch am Lernenden macht unseren Unterricht erst zu einem christlichen Unterricht.

Der Lehrer ist nur dafür verantwortlich, was und wie er unterrichtet. Wie der Lernende darauf eingeht, ist eine Sache zwischen ihm selbst und Gott.

Gott hat uns in seiner Weisheit den Prozess anvertraut, durch den Jünger gemacht werden, aber keine genaue Anleitung, wie das erfolgen soll. Das gibt uns bei der Methode viel Spielraum. Zum Glück wissen wir, wo wir beginnen müssen, und wir kennen die Bestandteile, aus denen sich der Gesamtprozess zusammensetzt.

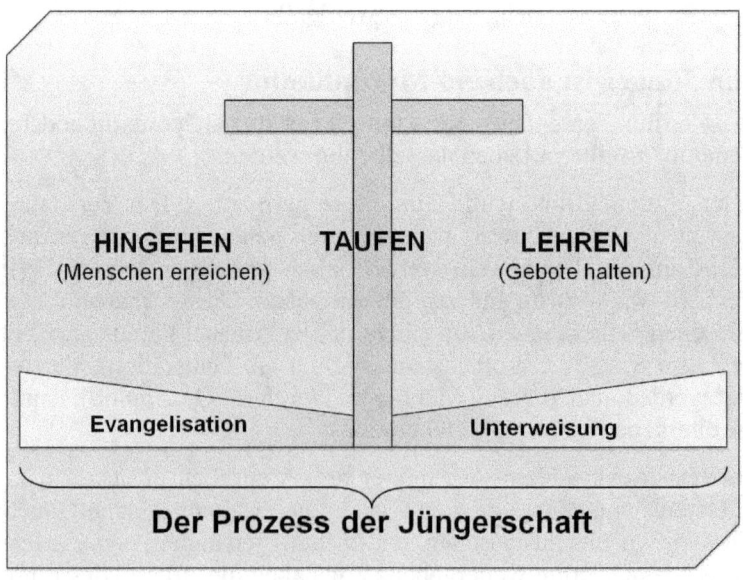

Menschen werden zu Jüngern, indem sie lernen, nachfolgen und sich multiplizieren, wobei sie wiederum hingehen, taufen und lehren. Was der Jünger von seinem Lehrer lernt, befähigt ihn dazu, andere mit dem Evangelium zu erreichen. Der Lehrer hat es ihm vorgelebt, ist ihm ein Vorbild gewesen und hat ihn ausgebildet, daher weiß er aus erster Hand, wie es funktioniert. Der Jünger kann dasselbe tun, indem er zuerst selbst das Leben Christi widerspiegelt und dann anderen hilft, indem er sie erreicht und unterweist.

Die Beziehungen zwischen Lehrern und Schülern, Eltern und Kindern, Freunden untereinander, Mentoren und ihren Schützlingen können die Basis für ein Jüngerschaftsverhältnis sein. In Mt 28,20 gebietet Jesus, zu lehren, alles zu halten oder bewahren, was er die Jünger gelehrt hat. Beachten wir, dass Jesus nicht sagt: „lehrt andere alles, was ich euch gelehrt habe." Wir lehren nicht nur, um Stoff zu vermitteln, sondern um Leben zu verändern.

Gott und sein Wort sind die einzigen Konstanten in einer Welt, die einem ständigen Wandel unterworfen ist. Bildungstheorien und -trends gibt es zuhauf, und es wird immer wieder neue geben. Eine biblisch begründete Perspektive über Lehre bietet einen stabilen Ansatz, indem wir die Wahrheit in die Praxis umsetzen. Lehrer, die sich mit ganzer Kraft ihrer Aufgabe widmen und deren Lehre auf biblischen Prinzipien beruht, werden das Denken kommender Generationen von bibelgläubigen Lehrern und Jüngern prägen helfen.

**Bibliographie**

- Gangel, Kenneth; Benson, Warren, *Christian Education: Its History and Philosophy*, Eugene: Wipf and Stock Publishers, 2002.
- Wilson, Marvin, *Our Father Abraham: Jewish Roots of the Christian Faith*, Grand Rapids: Eerdmans, 1989.

# Autorität und Offenbarung

Ansätze einer offenbarungstheologisch begründeten Autorität des christlichen Glaubens[1]

*Jonathan Mauerhofer,*
*Dozent an der EVAK, Fachbereichsleiter für „Theologische Studien"*

## 1. Christlicher Glaube und Autorität

Paulus bezeichnet sich selbst als „Sklave des Herrn".[2] (Röm 1,1) Damit unterstellt er sich gänzlich der Autorität seines Gottes. In allen Abhängigkeits- und Autoritätsstrukturen dieser Welt gibt es jemanden, der selbst keiner weiteren Autorität unterstellt ist: Gott im Himmel. „Unser Gott ist im Himmel; er kann schaffen, was er will." (Ps 115,3) Seine Worte und sein Tun ergehen in seiner eigenen Autorität, Hoheit und Macht. Es ist diese Autorität, unter die sich Paulus stellt.

Vielen Christen ist bewusst, dass lebendiger Glaube mit Autorität zu tun hat. Nicht mit menschlicher, sondern mit göttlicher Autorität, die des Menschen Gehorsam fordert. Doch trotz des bekannten Anspruches ist diese Autorität für viele letztlich ein nebulöses Konstrukt der Machtausübung anderer.

Mit welcher Autorität haben wir es im christlichen Glauben zu tun? In Beantwortung dieser Frage muss zuerst nach der Offenbarung Gottes gefragt werden, dann nach dem konkret persönlichen Aspekt dieser Offenbarung, um schließlich die Autorität des christlichen Glaubens näher beschreiben zu können.

## 2. Über die Offenbarung Gottes

Gott zu begreifen, führt den Menschen an die Grenzen des Erkennens. Gott ist für viele dort, wo das Erklärungsvermögen des Menschen endet und die Religion auf die Psyche stabilisierend wirkt. Ingolf U. Dalferth macht deutlich, dass dies nicht reicht:

> „Denken wir Gott aber nur als wohlfeile und von uns dringend benötigte Sinnressource, dann haben wir überhaupt noch nicht begonnen, ihn zu denken, weil wir damit noch ganz in den Vorstellungszusammenhängen unseres Wunschdenkens, Sinnsuchens, Identifikationsverlangens und religiösen Versicherungsstrebens befangen sind: In Gottesbildern maskiert, denken wir dann nur unsere eigenen Prob-

---

[1] Dieser Aufsatz ist ein kurzer Auszug aus der größeren Forschungsarbeit des Autors zur Autorität des christlichen Glaubens, die demnächst abgeschlossen werden soll.
[2] Alle Bibelzitate in diesem Aufsatz sind nach der Lutherbibel, revidierte Fassung von 1984, zitiert.

> leme, und die werden dadurch um kein Haar lösbarer. [...] Demgegenüber ist darauf zu beharren: Ist Gott der aus Freiheit Liebende, von dem der christliche Glaube spricht, derjenige also, der uns über alles Erforderliche, Erwartbare, Notwendige, Gewünschte und Gesuchte hinaus in einer Weise nahe kommt und Gutes tut, die zu erfassen wir gar nicht in der Lage sind, dann können wir Gott überhaupt nicht als Gott denken, ohne seine ganz und gar disfunktionale Differenz zu all unserem Wünschen, Wollen, Brauchen und Erklären ernst zu nehmen und ihn damit unmissverständlich von uns selbst und von der Welt zu unterscheiden."[3]

Der Gott des Christentums beschränkt sich nicht auf das Sein, Wollen und Suchen des Menschen, er geht auch nicht in den Wirklichkeiten und Notwendigkeiten dieser Welt auf, sondern geht darüber hinaus und kann immer wieder überraschen. Er kann erfahrungsgegebene Selbstverständlichkeiten durchbrechen und fundamental Neues schaffen.

So steht auch der Wille Gottes außerhalb und oberhalb des Willens des Menschen. Nach diesem Willen gilt es zu suchen und zu fragen. Wie es Jesus formulierte: „Meine Speise ist, dass ich den Willen dessen tue, der mich gesandt hat." (Joh 4,34), und wie er es uns lehrte zu beten: „Dein Wille geschehe wie im Himmel, so auf Erden!" (Mt 6,19).

Die Notwendigkeit Gottes und die Autorität des christlichen Glaubens resultieren nicht aus dem Wunsch des Menschen nach Ordnung oder der Möglichkeit des Gottesgedankens. Die Frage, ob es Gott zwingend geben muss, wenn Gott gedacht werden kann, wurde in der Scholastik eingehend diskutiert und hinterfragt.[4] Mancherorts wird das Denken über Gott als Krankheit angesehen, vor der man geheilt werden müsse. Sämtliche Gottesvorstellungen werden dabei in das Reich der Mythen und Legenden abgeschoben, derer sich der aufgeklärte Mensch in einer funktionierenden Welt der Wissenschaft und Technik enthoben wissen dürfe. Oder aber Gott wird in plötzlicher Betroffenheit in den Tiefen der Seele, in der Erschütterung des Gemüts, als ganzheitliche Körpererfahrung oder mystisches Naturerleben und damit persönlich existenziell gefunden. Dalferth schreibt in diesem Zusammenhang:

> „Dass Gott nicht gefunden wird, wo nur gedacht wird, heißt nicht, dass er sich nur finden lässt, wo nicht gedacht wird. Er geht gewiss nicht in unseren Denkfiguren auf. Aber er ist auch nicht einfach in unseren Erlebnissen präsent, ohne von diesen noch einmal unterschieden zu werden."[5]

---

[3] Dalferth, Ingolf U., *Gott, Philosophisch-theologische Denkversuche*, Tübingen: J.C.B. Mohr, 1992, S. 1f.
[4] Siehe den Streit zwischen Nominalismus und Realismus (Universalienstreit) im Mittelalter und deren unterschiedliche Ansätze bis in die Gegenwart.
[5] Dalferth, *Gott*, S. 3.

Was an Stimmungen, Empfindungen und Eindrücken tatsächlich Gott ist, muss sorgfältig geprüft werden. Die Intensität des Erlebten spricht nicht zwangsläufig für die Wahrheit. Vieles an unseren Erlebnissen ist fragwürdig. Wir können nicht darauf verzichten, Gott zu denken. Wo nicht gedacht wird, dort wird auch nicht für fragwürdig gehalten.[6] Wo Gott zu einem Symbol wurde und ihm lediglich eine soziologische oder tiefenpsychologische Relevanz zugesprochen wird, dort ist Theologie zur Anthropologie geworden. Das meint: „Theologie wie Philosophie scheinen positivistisch oder sprachanalytisch eingeholt zu sein. Der Gott ist zum anregenden Symbol geworden, dessen soziologische oder tiefenpsychologische Relevanz nicht bestritten wird."[7]

Mehr als den natürlichen und existenziellen benötigen wir einen offenbarungstheologischen Zugang. Wie Gott ist, was der Mensch letztlich braucht und was für ihn gut ist, das erkennt der Mensch nicht aus sich selbst heraus. Das kann er auch nicht aus seinen Nöten und aus seiner Geschichte ableiten. Es muss ihm gesagt werden: „Es ist dir gesagt, Mensch, was gut ist und was der HERR von dir fordert, nämlich Gottes Wort halten und Liebe üben und demütig sein vor deinem Gott." (Mi 6,8)

Wir Menschen bekommen von Gott gesagt, was gut ist: „Ich ermahne euch nun, liebe Brüder, durch die Barmherzigkeit Gottes, dass ihr eure Leiber hingebt als ein Opfer, das lebendig, heilig und Gott wohlgefällig ist. Das sei euer vernünftiger Gottesdienst. Und stellt euch nicht dieser Welt gleich, sondern ändert euch durch Erneuerung eures Sinnes, damit ihr prüfen könnt, was Gottes Wille ist, nämlich das Gute und Wohlgefällige und Vollkommene." (Röm 12,1-2) Gottes Wille ist das Gute, das sich nicht aus einer Konformität zur Welt, sondern im Fragen nach Gott und in der Erneuerung des Verstandes erschließt. Je mehr wir uns von unseren fertigen Gottesbildern und idealisierten Vorstellungen über Autorität verabschieden, je mehr Gott als wahrhafter Gott gesucht und der Mensch als Geschöpf gesehen wird, desto weniger weit reichen des Menschen Selbsterfahrungen und sein eigenes Wollen und Denken zur Ergründung und Erklärung Gottes und der Autorität des christlichen Glaubens.

> „Anders als Versuche, uns selbst und die Welt zu denken, kann das Denken Gottes offensichtlich nicht in derselben normalen Selbstverständlichkeit auf eine vorgängige lebensmäßige Realitätsüberzeugung rekurrieren, die auch dann noch trägt, wenn das Denken Gottes in eine Sackgasse gerät."[8]

---

[6] Vgl.: ebd.
[7] Möller, Joseph, *Sein – Freiheit – Gott*, in: Möller, Joseph (Hg.), *Der Streit um den Gott der Philosophen, Anregungen und Antworten*, Düsseldorf: Patmos Verlag, 1985, S. 36.
[8] Dalferth, *Gott*, S. 2.

## 3. Der konkret persönliche Aspekt der Offenbarung Gottes

Offenbarung Gottes meint nun nicht eine menschenfremde und schwer nahbare Proklamation des einzig Guten und der einzig wahrhaften Autorität. Die Offenbarung tritt dem Menschen nicht als in sich ruhende, abstrakte Idee gegenüber, der er nur distanziert betrachtend gegenüberstehen kann. Die Autorität wird dem Menschen nicht wie eine Mauer über und um ihn hingestellt. Die Offenbarung Gottes schließt mit ein, dass Gott an und mit dem Menschen, an und in der Welt am Handeln ist. In seiner Allgegenwart, Allwissenheit, Allmacht, Unveränderlichkeit/Unwandelbarkeit, Heiligkeit, Gerechtigkeit, Wahrhaftigkeit ist der sich offenbarende Gott zugleich ganz dem Menschen zugewandt.[9] Darin drückt sich die Güte Gottes aus, in seiner Liebe und dem Wohlwollen, seinem Erbarmen und seiner Gnade, die er dem Menschen konkret zukommen lässt.[10] Gott wird in der Bibel auch als ein Gott vorgestellt, der hasst (Dtn 12,31) und verwirft (Lev 20,23). Er kann eifersüchtig (Ex 20,5; Dtn 5,9) und gekränkt sein (Jer 7,18). Er drückt Wohlgefallen (Jer 9,23) und Vergnügen (Jes 66,10) aus. Er jauchzt und frohlockt (Zeph 3,17).[11] Dies sind keine Anthropomorphismen,[12] sondern Beschreibungen eines Gottes, der sich dem Menschen zugänglich macht und ihm persönlich in seinem Schicksal entgegentritt.[13]

Gott ist kein ruhender oder gar toter Gott, auch wenn der „tolle Mensch" Nietzsches dies zu postulieren meint.[14] Gott ist keine abstrakte Idee, die lediglich für Ideologien herhalten kann. Ein solcher Gott kann tatsächlich auch sterben. Denn Ideologien kommen und gehen, bemächtigen sich über kurze Zeit des Menschen und lassen ihn dann wieder fallen.[15]

Auch wenn die Spiritualitas Dei (= Gott ist Geist; Joh 4,24a) zur Lehre über Gott gehört und ausdrückt, dass Gott-Vater sich den menschlichen Sinnen und

---

[9] S. zur genaueren Beschreibung der Eigenschaften Gottes: Mauerhofer, Erich, *Biblische Dogmatik, Überarbeitete Vorlesungen*, Band 1, Nürnberg: VTR, 2011, S. 137ff.

[10] S. ebd. S. 145ff.

[11] Hinweis auf Bibelverse entnommen aus: Huntemann, Georg, *Biblisches Ethos im Zeitalter der Moralrevolution*, 2. Aufl., Holzgerlingen: Hänssler, 1999, S. 285f.

[12] Anthropomorphismus = Übertragung menschlicher Merkmale auf Gott.

[13] Vgl.: Huntemann, *Biblisches Ethos*, S. 286.

[14] Vgl.: Nietzsche, Friedrich, *Die fröhliche Wissenschaft*, Abschnitt 125; in: Nietzsche, Friedrich, *Gesammelte Werke*, auf Grundlage der von Dr. Walther Linden besorgten Ausgabe, neu bearbeitet von Dr. Wolfgang Deninger, Bindlach: Gondrom, 2005, S. 514f.

[15] Vgl.: Sierszyn, Armin, *2000 Jahre Kirchengeschichte, Die Neuzeit*, Bd. 4, Holzgerlingen: Hänssler 2000, S. 365f.

Vorstellungen entzieht,[16] so ist Gott doch zugleich ein durch und durch für den Menschen lebendiger und erfahrbarer Gott, im Gegensatz zu den toten Götzen (1Chr 16,26; Ps 115; Jer 10,1-16).

Gott stellt sich dem Menschen aus Liebe konkret gegenüber. Die Worte und Ordnungen Gottes werden dem Menschen dargereicht zum Leben. „Das Gesetz Gottes, also biblisches Ethos, ist heute der Weg aus dem Chaos einer modernen und postmodernen, werteauslöschenden Wirklichkeit."[17] Von Gen 1,1 an ist Gott ein erlösender Gott, der Ordnung schafft, aus Verfehlungen einen Ausweg ermöglicht und rettet. Die große Rettungstat im Gesetz ist die Befreiung des Volkes Israel aus der Sklaverei. „Schon darum ist Gott ein erlösender Gott, dem nicht in sklavischer Furcht, sondern in der dankbaren Liebe gedient wird."[18] Huntemann verweist darauf, dass bereits im AT Gehorsam und Liebe, Ehrfurcht und Liebe einander zugeordnet sind:

> „Dieser Gott, dem das Gottesvolk gehorsam ist und den es liebt, der schützt und behütet sein Volk. [...] Gott hält und bewahrt den Raum für sein Volk gegen aufrührerische und feindliche Gewalten. So wird Gott (Ps 89,14; Jes 51,9; Ps 106,9) auch als ein gegen die Chaosmacht kämpfender Held verstanden."[19]

So gibt es von Anfang an kein Erkennen Gottes ohne das Kennenlernen der fürsorgenden Retterliebe Gottes. Vor allem im Neuen Testament klar offenbart, verbindet sich die Liebe Gottes und seine spezielle Offenbarung in Jesus Christus. „Denn also hat Gott die Welt geliebt, dass er seinen eingeborenen Sohn gab, damit alle, die an ihn glauben, nicht verloren werden, sondern das ewige Leben haben." (Joh 3,16) In ihm offenbart er sich als ein Gott, der sich dem Menschen hingibt, sich verspotten und ans Kreuz nageln lässt und dennoch nicht besiegt wird. Er ist der Gott, der sich in Jesus in Schwachheit zeigt und dennoch in Erhabenheit und Stärke regiert, des Menschen großen Feind, den Tod, überwindet. Es gibt keinen anderen Zugang zu Gott als über die von ihm dargereichte vergebende und aufnehmende Gnade. So gibt es keine Offenbarung Gottes, losgelöst von seiner Allmacht, Autorität und zugleich seiner Gnade dem Menschen gegenüber. Dies schließt eine persönliche Begegnung des Menschen durch den Glauben mit seinem Schöpfer mit ein. Der Glaube an Gott ist nicht bevormundend, sondern birgt sich allein in der erbarmenden Zuwendung Gottes. In dieser Liebe möchte Gott das Chaos überwinden und in Autorität Ordnung und Weisung schaffen.

---

[16] Vgl.: Mauerhofer, *Biblische Dogmatik*, S. 124ff; s. Bilderverbot in Ex 20,4-6; Dtn 5,8-10 mit Dtn 4,15-19; 1Tim 1,17; 1Tim 6,16.
[17] Huntemann, *Biblisches Ethos*, S. 61.
[18] Ebd. S. 287.
[19] Ebd.

## 4. Die Autorität des christlichen Glaubens

Die Autorität des christlichen Glaubens kann folglich nicht von der rettenden und befreienden Gnade und Liebe Gottes getrennt werden. Aufgrund des eben Skizzierten lassen sich die Worte des Paulus nachvollziehen, der sich mit Freude als „Sklave des Herrn" bezeichnet (Röm 1,1; 2.Kor 4,3; Gal 1,10; Phil 1,1; Tit 1,1). Epaphras, Jakobus und Simon Petrus tun dasselbe. Die Formulierung klingt feierlich wie ein Bekenntnis. Sie erinnert an die Aussage Jesu, wo er seine Nachfolger dazu auffordert, Sklaven zu sein (Mk 10,42-45). Dabei dachten die Jünger wohl nicht an das Bild der Sklaven während der Antike. Sie verloren darin nicht ihre Rechte als Person. Sie wurden nicht ein Gegenstand des Handels, in dem das individuelle Leben des Einzelnen nichts mehr zählte und jederzeit ersetzbar war. Sie hatten vielmehr vor Augen, in wessen Dienst sie stehen durften, und nahmen darum die Bezeichnung „Sklave" gerne für sich in Anspruch. Sie sahen sich keinem Tyrannen ausgesetzt, sondern einem liebenden Herrn, der von sich selbst sagte: „Ich bin der gute Hirte. Der gute Hirte lässt sein Leben für die Schafe." (Joh 10,11) Dieser gute Hirte sagte auch: „Ich sage hinfort nicht, dass ihr Knechte [gr. = Sklaven] seid; denn ein Knecht weiß nicht, was sein Herr tut. Euch aber habe ich gesagt, dass ihr Freunde seid; denn alles, was ich von meinem Vater gehört habe, habe ich euch kundgetan." (Joh 15,15) Damit ist der Begriff „Sklave" neu definiert. Christen haben sich ihrem Herrn aus Liebe verschrieben und genießen sein Vertrauen. Sie wissen, dass es ihnen nirgends so gut geht und dass sie nirgends so glücklich sind wie bei dem, der ihnen zum Retter wurde. Niemandem sonst würden sie sich je so gerne unterstellen wollen. Einen solchen Herrn wollten sie haben und von ihm ins Vertrauen gezogen werden. Als „Erlöste" (Gal 4,5) und „zur Freiheit Berufene" (Gal 5,13) ordnen sie sich freiwillig ihrem Herrn unter, in Leben und in Tod. „Denn Christus ist mein Leben und Sterben ist mein Gewinn" (Phil 1,21).

An dieser offenbarten Autorität hat sich jede Vorstellung der Autorität des christlichen Glaubens zu messen. Wo Erkenntnis von Gott geschieht, wo Vertrauen an ihn und die Liebe zu ihm hin wächst, da bilden auch Autorität und Freiheit eine Einheit. Es handelt sich dabei um eine Autorität der Liebe und der Weisheit Gottes, alles gut und wohl zu machen. „Siehe, ich mache alles neu!" (Offb 21,5). Sie ist erbarmende und rettende Autorität, die dem Menschen persönlich in Ort und Zeit, in seiner Geschichtlichkeit begegnet. Gott ist nicht nur abstraktes Dasein, sondern er ist tatsächlich da. Er ist Immanuel: „Gott mit uns" (Mt 1,23). Diese Autorität ist Geschenk und Gnade. Denn Gott ist ein Gott, der befreit, der neu macht und gerade darin vollkommene Autorität sein will – weil er es verdient, weil wir Menschen ihm vertrauen dürfen.

## Bibliographie

- Dalferth, Ingolf U., *Gott, Philosophisch-theologische Denkversuche*, Tübingen: J.C.B. Mohr, 1992.
- Huntemann, Georg, *Biblisches Ethos im Zeitalter der Moralrevolution*, 2. Aufl., Holzgerlingen: Hänssler, 1999.
- Mauerhofer, Erich, *Biblische Dogmatik, Überarbeitete Vorlesungen*, Band 1, Nürnberg: VTR, 2011.
- Möller, Joseph (Hg.), *Der Streit um den Gott der Philosophen, Anregungen und Antworten*, Düsseldorf: Patmos Verlag, 1985.
- Nietzsche, Friedrich, *Gesammelte Werke*, auf Grundlage der von Dr. Walther Linden besorgten Ausgabe, neu bearbeitet von Dr. Wolfgang Deninger, Bindlach: Gondrom, 2005.
- Sierszyn, Armin, *2000 Jahre Kirchengeschichte, Die Neuzeit*, Bd. 4, Holzgerlingen: Hänssler 2000.

# Die Evangelikale Akademie Österreich

## Missionsstatement

„Die Evangelikale Akademie (EVAK) rüstet Christen mit einer bibeltreuen theologischen Ausbildung für Dienst und Leiterschaftsaufgaben aus."

Die EVAK bildet Männer und Frauen praxisbezogen auf verschiedenen Abschlussniveaus aus

- das Wachstum und die Vervielfältigung von Gemeinden fördernd
- vorwiegend für den Dienst und für die Erfordernisse der freikirchlichen Gemeinden Österreichs, aber auch in der weltweiten Mission
- möglichst gemeindenah und mit Dozenten und Mentoren mit einem starken Praxisbezug
- flexibel auf ihre Bedürfnisse und Möglichkeiten eingehend
- in Studienzentren in mehreren Regionen Österreichs

## Eine theologische Ausbildungsstätte in Österreich

Die EVAK hilft den Gemeinden in Österreich, die dringend gebrauchten Pastoren, Leiter, sowie leitenden Mitarbeiter auszubilden. Männer und Frauen können an der EVAK umfassend auf ihren jeweiligen Dienst vorbereitet werden.

Als eine direkt in Österreich positionierte Ausbildungsstätte kann die EVAK optimal auf die speziellen Bedürfnisse dieses Landes eingehen.

Eine Ausbildung an der EVAK bietet nicht nur die Nähe zur eigenen Heimatgemeinde, sondern unterstützt ein vertieftes Kennenlernen der österreichischen Gegebenheiten und das Knüpfen von Beziehungen im Land. Durch die aktive Mitarbeit aller Dozenten sowie der Studenten in verschiedenen Gemeinden fließt automatisch die Beschäftigung mit den Herausforderungen der österreichischen Christen und Gemeinden ein.

Ein Studium an der EVAK ist vollzeitig oder teilzeitig und berufsbegleitend möglich.

Hauptzielgruppe sind jene Personen, die einen teil- oder vollzeitigen Dienst in Gemeinde oder Mission anstreben.

Mit ihrem modernen, flexiblen Konzept ist die EVAK in der Lage, sowohl den Bedürfnissen der Gemeinden, als auch denen der Studenten entgegen zu kommen.

## Studienmethodik

Die EVAK-Studienmethodik besteht aus folgenden Elementen und Modulen:

- Vorlesungen im Studienzentrum (später Nachmittag und Abend)
- Blockseminare (meist Freitag-Samstag)
- BAO (Biblische Ausbildung am Ort)-Kurse (angeleitetes Selbststudium und zielführende Gruppendiskussion)
- angeleitetes und begleitetes Selbststudium
- maßgeschneiderte Praxis
- Begleitung durchs Studium bis in den Dienst durch einen Mentor

Die EVAK betreibt bisher zwei Studienzentren, das Hauptstudienzentrum in Wien mit der Möglichkeit eines Vollzeitstudiums und das Studienzentrum Süd mit den Unterrichtsorten Graz und Villach.

## Studienprogramme und Abschlüsse

*Diplom I*

60 ECTS-Credits, entspricht einem Jahr Bibelschule (Voraussetzung: keine)

*Diplom III*

Akkreditiert durch die European Evangelical Accrediting Association (EEAA)
180 ECTS-Credits, auf dem Niveau eines Bachelors (Voraussetzung: Matura, Berufsausbildung mit entsprechender Berufspraxis)

*Diplom IV*

120 ECTS-Credits, auf dem Niveau eines Masters (M.A.) (Voraussetzung: Bachelor oder Äquivalent. Studieneingangsphase von 20 ECTS-Credits zusätzlich für Quereinsteiger)

## Anschrift

Evangelikale Akademie
Beheimgasse 1, A-1170 Wien
Tel.: +43 (0) 1 812 38 60
E-Mail: info@evak.at
Web: www.evak.at

www.ingramcontent.com/pod-product-compliance
Lightning Source LLC
LaVergne TN
LVHW051704080426
835511LV00017B/2724

*9 7 8 3 9 5 7 7 6 0 2 4 1 *